〈최신 컬러 화보〉

수석교실

한 덩이의 돌과의 만남, 그것은 곧 자연으로의 향수
아름다움의 연출과 질의 선별, 진귀함 등을 감상

편집부편

▲ 제목 : 대평원

▲ 제목 : 국화(菊花)

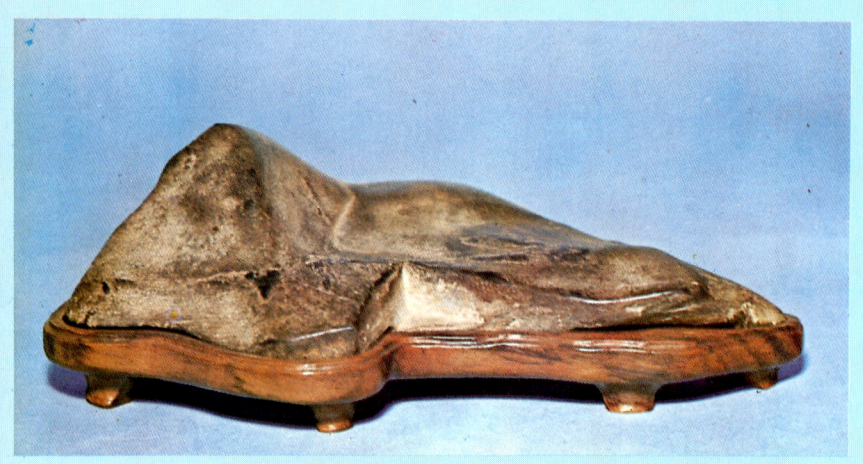

▲ 제목 : 오후의 풍경

▲ 제목 : 고도(孤島)

▲ 제목 : 정상(頂上)

▲ 제목 : 심산계곡

▲ 제목 : 태양의 뿌리

▼ 제목 : 향수

▲ 제목 : 대혼란

돌과의 만남과 대화
수석교실

편집부편

머 리 말

　돌과 인간과의 만남, 그것은 동서고금을 통하여 수많은 문호들에 의해서 언급되고 찬사되어 왔다.
　누가 돌에도 생명이 있다고 하였는가? 누가 돌에도 꿈과 사랑이 있다고 말하였는가? 누가 돌에도 우주가 있고 섭리가 있다고 주장하였는가?
　아무튼 돌은 인간의 생활 속에서 지금까지 수많은 화제를 불러 일으키면서 때로는 군림하고 때로는 발길에 채이면서 그 삶(?)을 인간과 더불어 해 왔다고 해도 과언이 아닐 것이다.
　말이 없는 돌이지만 사람들은 그 무언의 돌 속에다가 스스로 생명력을 불어넣고 스스로의 사색력을 첨가하여 나름대로 돌과의 대화를 가져왔다.
　돌과 인간과의 만남과 대화, 그것은 정말로 멋진 일이 아닌가? 무언의 돌과의 대화란 사실 자기 자신과의 대화를 말함이 아니겠는가?
　인간의 지혜를 가지고 살아가는 생물이기에 우리는 돌과의 만남도 가능한 것이 아닐까?
　아무튼 요즘 점점 늘어나는 수석인구를 헤아려보면서 인간과 돌과의 만남이 결코 우연한 삶의 이치만은 아닌 것같다는 생각을 갖게 된다. 보다 유서깊은 자연의 섭리라는 생각이 드는 것이다.

모든 예술이 다 그러하겠지만 수석 역시 돌을 알아야 돌을 이해할 수 있고, 돌을 이해할 수 있어야 돌을 벗삼아 인생을 관조할 수가 있다.

하찮은 돌이라고 생각할 수도 있겠지만, 돌이야말로 무궁무진한 이야기를 간직한 지구 위의 형상체임에 틀림없다. 돌 하나에도 생명이 들어있다면, 그것은 인간과 더불어 충분히 대화의 장을 열어갈 수가 있을 것이다.

이 책은 돌을 우선 이해하고, 돌에 관한 정보를 익히고, 돌을 우리의 몸 가까이에서 관상할 수 있도록 하기 위하여 수많은 수석 연구가들의 도움을 받아 사진 자료와 함께 수석연구에 대한 해설을 덧붙여 만든 최신판 수석교실이다. 돌에도 생명이 있다 했으니 당연히 우리가 만나는 돌에도 이름이 있어야 할 것이 아닌가? 그래서 수석에 있어서는 모든 돌에다가 나름대로의 이름을 붙인다. 그 이름 붙이는 법도 자세히 설명해 놓았다. 또한 기석을 즐기고, 미석을 관상하는 방법은 물론 돌을 적당하게 앉히는 법이나 받침대를 만드는 방법 등에 대해서도 상세히 설명해 놓았으므로 수석에 관한 초보자는 물론 전문가라 하더라도 이 책 한 권이면 상당한 도움을 받을 수 있을 것이다.

아무쪼록 이 책으로 말미암아 생활 속에서 돌을 살리는 지혜를 모아 독자 여러분의 삶이 한결 아름답게 빛날 수 있기를 진심으로 바라마지 않는다.

차 례

* 머리말/애석 취미의 실기, 즐기는 법 ·············· 11

돌 즐기는 법 ················· 15
　날 세우기의 기본 ·············· 16

수석 관상을 위한 실기 ·············· 33
　수반의 사용법 ·············· 34
　모래의 취급법 ·············· 51
　테이블의 사용법 ·············· 60
　첨배의 채용법 ·············· 70
　소품 분재·초목의 첨가법 ·············· 81

기석(奇石) 즐기는 법 ·············· 91
　기석 애호(奇石愛好)의 변천 ·············· 92
　기석의 관상과 수집법 ·············· 97

이름 붙이는 법 ·············· 125
　이름 붙이기의 효용 ·············· 126
　이름의 여러가지 ·············· 134
　이름을 붙일 때의 마음가짐 ·············· 140

대좌(台座) 만드는 법과 수석 수정법 ·············· 143
　대좌 만드는 법 ·············· 144
　정(釘)의 사용법 ·············· 156

미석(美石)·귀석(貴石) 즐기는 법 ·············· 167

그리인더의 사용법 ·············· 168
　　손연마법 ······················ 174
　　바렐 연마기 ···················· 178
　　연마하는 방법 ·················· 181

수석 사는 법, 파는 법 ············ 189
　　돌을 지닌다는 것 ················ 190
　　돌을 사는 장소와 잘 사는 법 ······ 192
　　돌 가격 ······················ 196

생활에 살리는 돌의 미(美) ········ 201
　　응접실에 둘 돌의 장식법 ·········· 202
　　돌이 있는 인테리어 ·············· 209

돌 즐기는 법

날 세우기의 기본

날 세우기의 기본

날 세우기를 시작하기 전에
수석의 상식

　날 세우기란 그 돌이 갖는 장점을 찾아내어 그것을 최고로 살리기 위한 방법인데 단순한 기교라기 보다도 심미안의 작용에 의하는 바가 크다. 따라서 수석뿐 아니고 가능한 미술품 등을 보아 눈을 틔우는 것이 중요하다. 그렇다고 해도 물론 다른 미술품을 보지 않으면 수석의 날 세우기가 불가능하다는 것은 아니고 그런 마음 자세가 필요하다는 것이다.
　그러나 수석으로서의 이해가 없으면 수석의 날 세우기 등이 가능할 리 없다. 그야말로 당연한 일이지만 날 세우기를 시작하기 전에 수석의 아웃 라인만은 해설해 두어야 할 것이다. 그리고 본장은 최초의 항에 해당하므로 우선 수석의 상식에서부터 서술하기로 하겠다.
　수석이란 산수경정석의 약칭이라는 말이 있다. 즉 한개의 돌덩어리에서부터 아름다운 산수의 경치를 여러 가지로 연상하고 맛보고 즐기는 것이다. 고인은 '좌시가경'이라 했는데 우수한 수석을 보고 있으면 그야말로 앉아서 산수미의 세계를 보고 있는 것 같다.
　본래 수석은 자연을 사랑하고 자연을 작은 화분 등에 축소시켜 가까이 두고 즐기고 싶다는 우리나라 특유의 민족성에서 생겨난 것인데 그 당연의 결과로써 다음과 같은 특색을 갖게 되었다.
　① **작은 한개의 자연석이라는 것**＝작은 것에 큰 경치가 있으므로 해서 볼 가치가 있는 것으로 수석의 크기는 겨우 30센치 전후를 기준으로 하여 60, 70 센치 정도가 한계로 되어 있다. 또 소위 분석은 없으므로 한개로 관상하는 것이 원칙이고 게다가 미석과 같은 총연

마는 배척되고 있다. 물론 흙속에서 파낸 고곡석 등에는 다소 손질이 필요하지만 그 돌이 갖는 장점을 살리기 위한 한도를 지키는 것이 약속처럼 되어 있다. 또 대체로 천석 등은 단지 더러움을 털어내는 정도의 손질을 하는 것으로 되어 있다.

②그 정취가 산수경정의 세계와 연관되어 있는 것 =수석은 석질이나 형성상의 재미, 혹은 형의 진귀함 등에 가치를 두는 기석이나 진석과는 달리 그 정취가 산수경정의 세계와 연관되어 있는 것이 특색이며 또 생명이기도 하다. 물론 원산이나 해변등의 경관을 가지고 있는 것이 아니면 안된다는 것은 아니고 집이나 작은 동물이나 인물이라도 좋지만 그들이 산수의 경치와 이화감이 없는 것이 좋다. 예를 들면 오두막이나 돛단배나 산토끼 등은 수석으로써 맛볼 수 있지만 짐승이나 귀신 등은 진석의 부류에 넣어야 할 것이다.

요컨대 수석은 마음을 산수풍물시의 세계로 들게 하는 취미가 있으므로 기계화·도시화의 경향이 강한 현대 사람들의 스트레스를 해

소하는 것이라고도 할 수 있을 것이다.

수석의 종류

그 흥미의 존재방식에 따르면 현대에 있어서 수석은 4개의 분야로 나눌 수 있다.

① 산수경석(山水景石)

산이나 호수나 해변 등 산수경을 연상시키는 것으로 수석의 주체이며 협의로 말하면 이것이 수석인 것이다. 당연 수석 보는 방법의 기본을 이루고 있다.

② 형상석(形象石)

새나 작은 동물이나 성자 인물 등의 형을 자연에 나타낸 것으로 자석(姿石)이라고도 한다.

③ 문양석

석면에 꽃이나 구름이나 잠자리나 혹은 문자 등의 문양을 천연으

로 나타낸 것으로 문석이라 하기도 한다. 말하자면 돌에 그려진 자연의 회화이다. 역시 그 문양의 정취가 산수경으로 연결되는 것이 바람직하다.

④ 색채색

형상은 제2의적이고 주로 그 돌이 갖는 천연의 색채의 아름다움을 관상하는 것. 단 수석의 경우는 미석과 같이 총연마를 하지 않고 돌 살갗을 되도록 살리려 하고 있다. 또 그 색채도 어느 편인가 하면 자연의 아름다움과 익숙한 것이 선호된다.

다음으로 형으로 분류하면 10종류를 들 수 있다.

① **원산**＝먼 산이나 계곡을 보는 듯한 형
② **단석(段石)**＝골짜기나 벼랑을 나타내는 것.
③ **토파(土坡)**＝들이나 평야의 경치를 연상시키는 것.

20

④ **용석**=천연으로 폭포의 경치를 보여주는 것.
⑤ **고임**=호수의 경관을 나타낸 것.
⑥ **암사**=해변이나 해안의 경치를 느끼게 하는 것.
⑦ **동굴**=동굴이나 동문의 모양을 나타낸 것.
⑧ **비를 그음**=돌의 상부가 나와 있어 그 아래에 있으면 비를 피할 수 있을 듯한 형. 속칭 '씌움'이라고도 한다.
⑩ **모사(茅舍)**=집 모양을 나타낸 것.
그 외에 배 모양이나 여러 가지 모양이 있다.

또 생성에 따라 ①**천석** ②**산석** ③**해석**이라는 분류도 실시되고 있다. 말할 것도 없이 천석은 하천이나 늪 등에서부터 채석된 것, 산석은 산의 흙 속에서 파낸 것 그리고 해석은 해변이나 드물게는 물 속에서 건져낸 것을 가리키는 것이다.

또 수석의 크기는 좌우 30센티 전후가 표준이라고 서술했으나 이보다 작아 전후 15센티에서 10센티 정도의 것은 소품 수석 혹은 단순히 단석이라고 불리고 있다. 두수석(豆水石)이라는 경우는 더욱 작은 5,6센티 정도의 것을 대상으로 한다.

날 세우기의 원칙

좋은 돌의 조건

아무리 우수한 심미안의 소유자라도 시시한 돌은 날을 세울 수가 없을 것이다. 쓰고 보면 너무나 당연한 일이지만 수석의 날 세우기는 우선 좋은 돌을 선택하는 것에서부터 시작된다.

그럼 어떤 돌이 좋은 것인가 라는 말이 나오게 되는데 여기에서는 날 세우기의 제1보라는 입장에서 서술해 보겠다.

뭐니뭐니해도 석질이 좋아야 하는 것이 조건이다. 다소 형상이 좋아도 석질이 무르고 결점이 있어서는 아무 일도 되지 않는다.

경도계로 보아 3도 이상이 되어야 하는 것은 필수 조건이고 이상

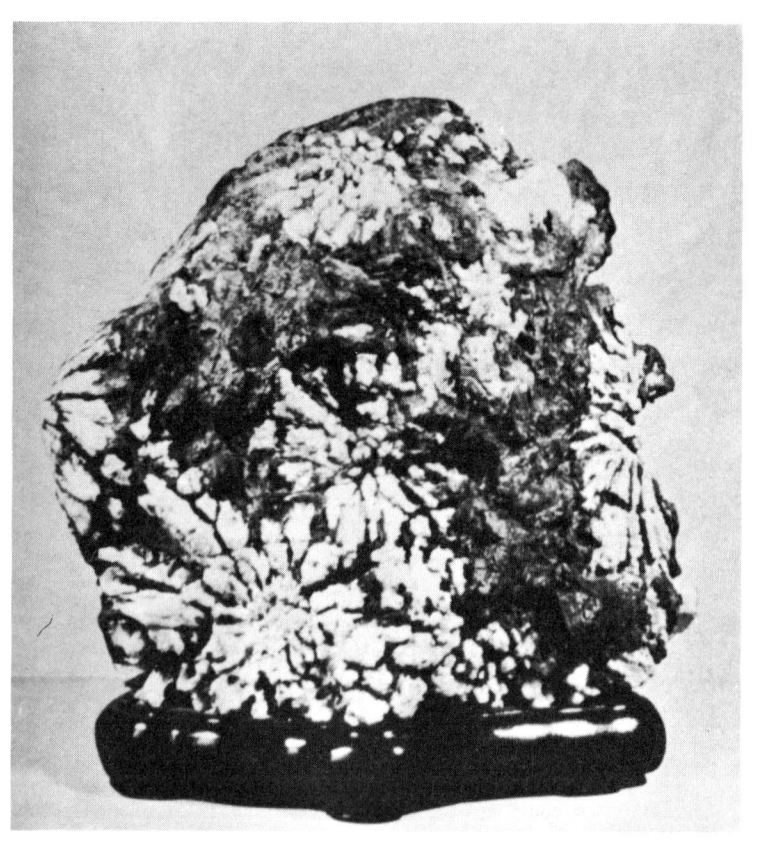

적인 것은 5도 전후라 할 수 있다. 덧붙여 3도라고 하면 방해석의 경도이고, 5도라 하면 연회석, 6도는 정장석의 경도에 해당한다. 7도는 수정, 8도는 황옥이 되는데 수석의 경우는 너무 단단하면 경치라 할 수 있는 형상을 만들 수 없고 단 물을 뿌려도 튕겨 내버리므로 적합하지 않다. 또 경도 외에 밀도, 즉 질이 파삭파삭하지 않은 것이 좋은데 그렇다고 해서 너무 매끄러워도 좋지 않다.

제2로 그 돌 어딘가에 볼만한 점이 갖추어져 있어야 한다는 것

23

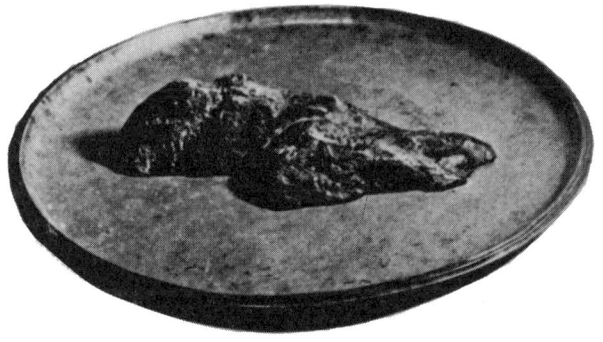

이 조건이라고 할 수 있을 것이다. 여행 기념으로서 주운 돌이라면 그렇지 않아도 가치는 있지만 수석이라고 하면 모양이나 문양 또는 색채 어딘가 볼만한 면이 있어야 한다. 달리 말하자면 어딘가 한가지 볼만한 것이 있으면 다른 다소의 결점이 있어도 그 돌은 수석으로서 살릴 수 있는 것이다.

어떤 면을 발견해야 할 것인가 하는 점에 대해서는 도저히 글로는 표현할 수 없다. 다음 장의 '보는 법의 실제' 등을 참조하거나 하여 자신이 여러 가지로 체험한 뒤 연구하기 바란다.

날 세우기의 기본

돌을 입수했으면 우선 흥미 있는 곳을 정한다. 예를 들면 평평한 돌로 형에 특징은 없지만 문양이 나무의 가지와 같은 것이 있다고 하자. 이런 돌을 수반에 넣고 물을 부어 보는 방법은 소용이 없다. 세워 문양이 있는 면을 관상하기 쉽도록 하고 안정시키기 위해 아래에 대좌를 붙인다. 이렇게 하면 그야말로 자연의 회화와 같이 보며 즐길 수가 있을 것이다.

즉 먼저 산수경석으로 즐길 것인지 혹은 형상석이나 문양석이나 색채석으로 즐길 것인가를 그 돌이 가지는 특색에 따라 정하는 것이 중요한 것이다. 그 제 1 보에 있어서 실패하면 돌 살갗을 깨어 연마하거나 반대로 연마해야 할 돌을 수반에 넣어 버리는 실수를 범하게 된다.

대개의 경우에 있어서 자연 그대로의 산수의 경치를 연상시킬 수 있는 것은 산수경석으로서 보는 것이 본래이지만 다소 연하고 풍화가 생기기 쉬운 질의 것은 대좌에 얹는 것이 상식이라 할 수 있다. 또 형이 재미있는 것은 형상석, 문양이 멋진 것은 문양석, 색채가 아름다운 것은 색채석이라는 식으로 흥미 있는 부분을 정해 두는 것이 좋음은 새삼스럽게 말할 것도 없을 것이다. 또 이들은 총괄적으로 대좌 혹은 지판에 얹어 관상하는 경우가 많다.

 날 세우기의 원칙으로서 한마디 덧붙여 두고 싶은 것은 그 돌을 변형 또는 변질시키는 것은 엄격히 피해야 한다는 것이다. 다소의 손질은 허가되어 있으나 형을 바꾸거나 삶거나 색을 칠하거나 해서는 그것은 수석이라 할 수 없게 된다. 수석이란 본체가 자연의 소산일 때 비로소 의의가 있고 존중된다.

날 세우기의 실제

수석의 이상형

 앞 항에서 석질에 대해 언급했으나 여기에서는 수석의 이상적인 형을 서술해 보겠다. 이상적인 형이란 좀처럼 찾기 어려운 것이지만 그래도 어떤 형이 좋은 것인가를 안다는 것은 역시 필요하다. 이상을 모르면 보는법 자체가 성립되지 않고 명석발견의 가능성도 없기 때문이다. 형으로써는 옛부터 '삼면이 법'이 일컬어지고 있다. 그러나 이상적인 형을 구체적으로 이해하기 위해서 명석 '중산'을 실례로 들어보기로 하겠다.
 '중석'은 유명한 '말의 송산(末松山)'보다도 '한층 훌륭한 돌'이라고 격찬될 정도의 유명한 돌로 원주(遠州) 기호의 돌 중 하나인 이상형이라고 일컬어진다.
 사진으로 보는 바와 같이 주봉을 중심으로 셋으로 봉오리가 연결

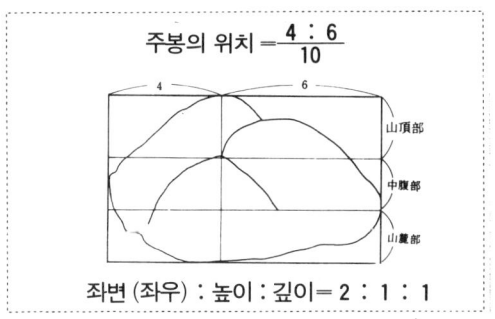

되어 있고 겹쳐져 있는 형의 것으로 창흑의 애매한 색은 깊고 깊은 나무로 덮힌 산의 정취가 있고 계곡에는 물이 흐를 것 같고 거기에서 소리가 들려 오는 듯한 풍정이 있다.

　길이는 좌우 21센티, 높이 11센티, 깊이 9.5센티로 크기도 알맞다.

　그런데 이 유명한 돌은 전체가 중후감을 가진 부등변　3각형을 이루고 있다. 주봉의 위치가 저변(좌우)에 대해 대략 4, 6부 되는 곳에 있고 결코 맨가운데가 아니다. 따라서 좌우 대조가 아니고　좌우의 변화가 밸런스를 잘 유지하고 있는 프로포지션을 보이는 것이다.　이것이 아름다움의 원천이라고 할까.

　다음으로 좌우와 높이와 깊이의 비율이 거의 '2 : 1 : 1'을　이루고 있다. 본래 '중산'은 명석으로서는 다소 둥근 형인 편으로 '말의, 송산' 등은 '3 : 1 : 1'의 비율을 이루고 있다. 어디까지나 하나의 패턴이기는 하지만 이런 비율이 형의 아름다움을 낳고 있다고 할 수 있을 것이다. 즉 저변에 안정이 있고 알맞은 높이를 가지고 있고 그리고 깊이가 깊은 것이 이상형인 것이다.

바꾸어 말하자면 이 명석은 '3면의 법'에 맞는 것인데 일단 해석해 보겠다.

'3면의 법'이란 돌의 세가지 면, 전후와 좌우와 상하가 각기 변화를 보이면서 각기 조화를 이루고 그리고 전체적으로 자연스럽게 정리되어 있는 것이 좋다는 것이다.

3면의 조화
- 전후＝안으로의 깊이
- 좌우＝변화의 어울림
- 상하＝바닥의 안정감

그림으로 나타내면 위와 같이 될 것이다. 물론 이것은 이상형을 구하는데 있어서 척도가 되고 예외적으로 좋은 모양이 있을지도 모르므로 형식적인 것에 얽매일 것은 없다.

1개의 돌 자리 잡은 법의 기본

'중석'과 같은 명석이라면 그야말로 자리 잡는 법을 생각할 것도 없이 그저 두면 훌륭하게 관상 가치를 발휘할 것이지만 일반적으로

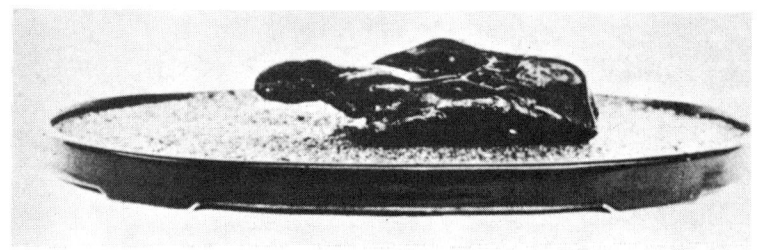

는 자리 잡는 법을 무시할 수 없는 것이다.
  돌에 따라서는 자리 잡는 법에 따라 관상 가치를 크게 할 수 있는 것도 있다.
  ① 겉과 속 정하는 방법
  우선 겉으로 할 면을 정해야 한다. 경치의 모양이 나타난 문양·색채 등을 보고 그 가장 뛰어난 면을 겉으로 하면 되지만 그 외에 다음과 같은 여러가지 점에 유의한다.
  제 1 로 석면이 넓고 평탄한 면을 겉으로 할 것. 이렇게 하면 경치에 깊이가 생기지만 반대로 하면 얕은 경치가 되어 버린다.
  제 2 로 중심선에서 보아 좌우의 양끝이 다소 전진되어 있는 쪽을 겉으로 할 것. 이것은 눈으로 받는 박력 관계상의 처치인데 반대로 하면 소위 '경치가 도망간다'라는 상태가 되고 힘을 잃어 버린다.
  이들을 종합적으로 판단하여 겉을 결정하면 좋을 것이다.

② 상하의 결정법

상하를 틀릴 일은 우선 없지만 때로는 반대로 자리 잡는 것이 좋은 경우도 있다. 상하 결정법은 말할 것도 없이 '앉음'으로 5분판 등에 얹어 보아 자연스럽게 앉는 면을 아래로 하는 것이 상식이라고

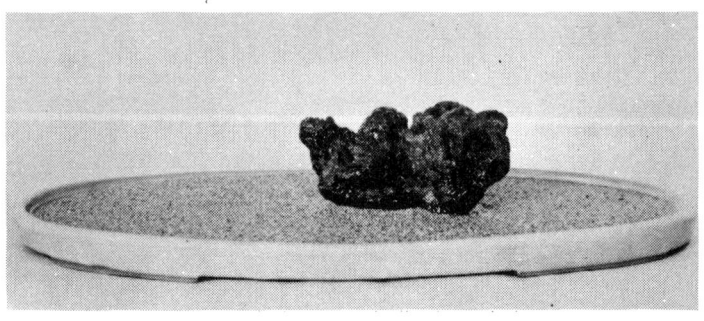

할 수 있을 것이다. 양면 모두 '앉음'이 좋은 경우에는 변화가 풍부한 면을 위로 하는 것은 새삼스럽게 설명할 것까지도 없다. 또 아래로 해야 할 면이 다소 '앉음'이 나쁜 경우에는 대좌(台座)나 수반의 모래로 조절한다.

③ 경사도 결정법

돌에는 세력이라 할까, 역시 흐르는 방향이라는 것이 있다. 그것을 잘 살리지 않으면 씨름은 아니지만 소위 '죽은 몸'이 되어 버린다. 따라서 그 돌을 '앉음'이 좋은 자연 그대로의 상태로 두는 것이 반드시 좋다고는 할 수 없다.

혹은 돌을 일으키거나 왼쪽을 낮추거나 하는 조작도 필요하게 된다. 결정법 두세가지를 들어 보겠다.

▼ 산모양의 경우 산정은 저변에 직각이 되도록 세울 것. 산정이 기울어져 있어서는 그 오른쪽에 박력이 생기지 않는다.

▼ 옆에서 보아 산정은 다소 앞이 기울어져 있는 편이 좋다. 뒤로 젖혀져 있어서는 위용을 느낄 수 없다.

▼ 단석(段石)의 경우 천단(天端)은 가능한 수평이 되도록 할 것. 미끄러져 떨어질 듯한 경사여서는 안정이 없다.

▼ 오른쪽 방향을 따라 오른쪽에서부터 왼쪽으로 흐르는 경우는 오른쪽을 다소 높게, 왼쪽 끝은 반대로 낮추는 기분이 되도록 할것. 방향을 낳기 때문이다.

1개의 돌 자리 잡는 법의 응용 (3가지 예) – p. 30. 사진 참조

1개의 돌이라도 2가지 방법 혹은 3가지 방법으로 자리 잡는 경우가 있다. 3장의 사진을 보기 바란다. 위는 소위 진체로 '앉음'이 좋은 면을 아래로 하고 변화가 풍부한 면을 위로 했다. 왼쪽에 융기가 생기고 있다. 가운데는 움직이는 형체로 동문(洞門)의 경관을 포인트로 하여 앉혀진 것이다. 위의 산정이 여기에서는 왼쪽 끝의 지탱이 되고 있다. 아래는 이것을 반대로 한 것으로 풀 모양의 재미를 느낄 수 있다. 어느 경우나 각기 관상할 수 있다.

수석 관상을 위한 실기

수반의 사용법
모래의 취급법
테이블의 사용법
첨배(添配)의 채용법
소품 분재·초목의 첨가법

수반(水盤)의 사용법

수반의 지식

그 연혁

　수반을 구하거나 그것을 사용할 때 직접은 실용에 관계가 없다 해도 그 일반적인 지식은 알아두어야 할 것이다.

　우리나라에 있어서 수반 사용은 의외로 오래 된 것 같다. 귀족의 정원이라고 생각되는 곳에 선반이 있고 그 위에 분재의 조형인 듯한 화분과 같은 것이 놓여져 있는 모습이 있는데 그 중에 접시와 같은 수반에 석창이 앉혀져 있는 것도 볼 수 있다. 이것은 중국 송대에 애상되던 청자 화분을 이용한 것이라고 추측된다.

　남북조시대의 오산 중들 사이에 애석의 풍조가 있었다는 것은 이미 알려져 있는 일인데 그 중 한사람인 호관사련(虎関師錬) 의 「분석부(盆石賦)」라는 문장 중에 다음과 같은 어구가 있다.

　'거석(擧石)을 장각(墻角)에 두고 분진(盆塵)을 털어 청냉(淸冷)을 부으니, 외자(外姿) 푸르름은 더하고 바다 모래 희다.'

　직역하면 큰 돌을 선반에 두고 먼지를 털고 깨끗한 물을 부으니 자기의 푸른빛이 더 선명해지고 수반 바닥에 간 모래가 한층 희게 빛나 아름답다라는 정도의 의미일 것이다. 당시 이미 현대의 수석가에 가까운 애석 방법이 취해지고 있었음을 알 수 있고 흥미를 느끼게 되는데 여기에서 인용한 것은 이 문구 속에 분명히 '외자'라는 말이 나와 있다는 것을 보기 위해서이다.

　별명 '청자'라고도 하는 것인데 청자 수반을 쓰고 있었던 것이다.

　다만 그 이후는 돌은 차를 마시는 장소의 장식에 주로 쓰이고 있었던 것 같고 대좌(台座)나 지판(地板)이 사용되고 수반의 유입이

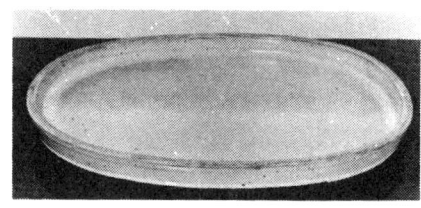

〔위〕 도기 수반
〔가운데〕 청자(자기) 수반
〔아래〕 동기 수반

나 국내에서의 제작은 거의 볼 수 없었다.

중국 문물의 수입품에 섞여 조금씩 수반이나 화분 등이 들어왔던 것 같다.

역시 본격적으로 수반이 쓰이게 된 것은 조선 중기경부터인 것 같다. 처음에는 종류도 적고 30센티 이상의 것은 거의 볼 수 없었다. 여러 가지 모양이나 크기의 것이 출하되게 된 것은 말할 것도 없이 그 이후일 것이다.

그 종류

수반을 그 재질이나 제조 과정 등에 의해 분류하면 다음 3가지 종류가 된다.

① 도기
② 자기
③ 동기

　도기나 자기는 점토 그 외를 물로 반죽하여 고온에서 구운 것으로 그 차이는 반드시 명확하지는 않다. 그러나 극히 일반적으로 말하면 전자는 크기가 소·중 정도, 후자는 대라고 할 수 있을 것이다. 따라서 흡수성은 도기에 있지만 자기에는 없다. 분재와는 달리 수석에 있어서는 그 차이는 그다지 문제가 되지 않는다. 가볍게 치면 도기는 다소 탁한 소리가 나지만 자기는 맑은 소리를 낸다. 대략 도기는 소프트한 느낌이고 자기는 단단하고 차갑다. 수석의 경우는 양자 모두 유약을 바른 것이 많고 소위 소지물(도물이라고도 한다)은 비교적 적다.

　동기는 동을 주로 하여 제조된 것으로 두드려 만들거나 찍어내는 등 여러가지 방법이 있다. 좋은 것은 품격이 있고 미술품과 같은 정취를 갖추고 있다.

　또 이상 세종류는 수반 그 자체로서의 우열은 없다. 사용자의 기호나 사용하는 경우에 따라 그 적불이 있을 뿐이다. 단 일반적으로는 도기 혹은 자기제의 것이 입수하기 쉬울 것이다.
다음에 산지에 따라 나누면 다음과 같다.

① 중국제 수반

중국제의 것은 전술한 바와 같이 상당히 옛날부터 있었고 그 대표적인 명기는 상당한 고가에 이르고 있다.

자기에 속하는 것으로서는 남경(南京), 여균요(呂均窯), 청자(青磁), 교맥(蕎麦), 철사(鉄砂), 영옹(寧窯) 등이 있고 도기에는 백교지(白交趾), 삼채교지(三彩交趾) 해서(海鼠) 등이 있다. 모두가 품질이 뛰어난 것이다.

② 일본제 수반

일본제의 수반은 주로 명치 이후에 만들어졌다. 자기로서는 호부(戶陪)나 환선(丸善) 등이 있는데 거의가 도기이다. 대표적인 것으로 도취(陶翠), 일양(一陽), 향산(香山) 등이 있다.

수반의 사용법

모양에서의 상식

수반의 모양에는 장방형, 소판형, 단책형, 환형(원반 혹은 면반이라고도 한다) 등 여러가지가 있는데 가장 많이 쓰이고 있는 것은

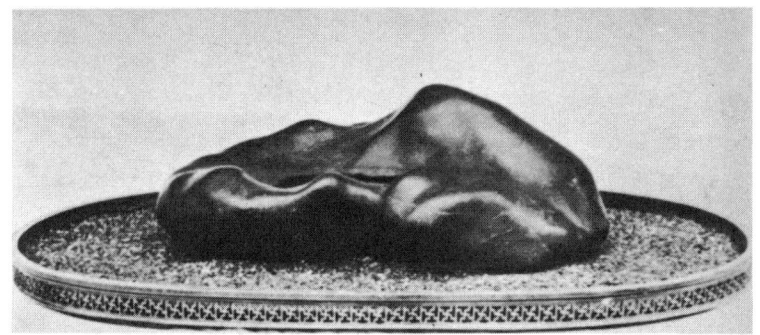

수반의 모양에 따라 장식도 달라진다.
〔오른쪽〕 장방형
〔아래 오른쪽〕 소판형
〔아래 왼쪽〕 환형(둥근형)

뭐니뭐니해도 장방형과 소판형일 것이다.
 그럼 그 좌우와 깊이의 칫수를 보겠는데, 장방형의 경우 소위 황금비에 의한 '1 : 1.618'이 기준이 되고 있다. 즉 깊이가 10센티이면 좌우는 16센티 정도가 좋은 것이다. 물론 여러가지 경우가 있지만 대략적인 기준은 될 것이다. 실제로 쓰기 쉬운 칫수는 돌의 크기의 기준에서 생각해도 46센티에서 55센티, 그리고 62센티 등의 것일 것이다.
 또 수반 끝에는 외록(밖으로 나와 있는 끝), 구슬달림(외록이 특히 두꺼운 것), 절립(밖으로도 안으로도 나와 있지 않은 끝) 등이 있는데 이들을 종합적으로 해서 형에서 보는 수반의 사용법을 다음에 서술하기로 하겠다.

　개략적으로 말하면 율동적인 느낌을 가진 수석에는 장방형이 어울리고 우아한 정취의 수석에는 소판형쪽이 맞는다. 단 그 모양이 원주형인 것은 소판형, 다소 긴 각 모양의 것에는 장방형이 좋다고 생각되는데 전자의 경우라도 조금 강한 표현을 취하고 싶은 경우에는 장방형의 수반을 사용해야 할 것이다. 긴 것은 단책형을 사용하고 사방에서 볼 수 있는 것은 새삼스럽게 말할 것도 없다.
　또 중후감이 있는 것에는 깊이가 있는 수반이 좋고 반대로 낮은 풍경의 것에는 낮은 수반이 적합하다.

 다음에 끝과 수석과의 관계인데 극히 일반적으로 말하면 수반의 끝은 너무 두꺼워 눈에 띄는 것은 사용하기 어렵다. 끝이 있더라도 너무 두껍지 않은 것이거나 절립으로 되어있는 편이 바람직할 것이다. 단 원산형(遠山形) 등으로 박력이 있는 것은 구슬달림을 쓸 수도 있다. 즉 구슬달림의 두께에 지지 않을 만한 것이라면 충분히 사

 용할 수 있고 반대로 수반을 눌러 한층 수석의 박력을 발휘하도록 하는 경우도 있다.
 이상은 말할 것도 없이 상식에 지나지 않는 것이고 실제로는 여러가지 경우가 생긴다. 형식적으로는 원산석에는 장방형이라거나 토피석에는 소판형이라거나 하는 식으로는 절대로 말할 수 없다. 요는 그 돌이 지니는 정취를 어떻게 살리느냐 하는 것에 있는 것이다. 아무튼 분재와 화분과의 관계를 고려하여 심미적으로 선택하기 바란

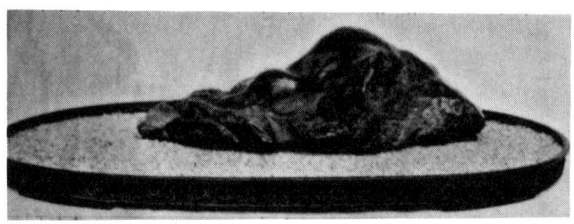

다. 수석만이 붕 떠 버리거나 그 반대로 수반이 묘하게 눈에 띄어도 곤란하다. 수석과 수반이 서로 어울어져 일체화 되는 것이 바람직하다.

색과의 조화
수반의 색과 수석과의 조화도 무시할 수 없다.
수반의 색 중 주된 것을 들어 보겠다.
① 백교지계
수수한 회색이 도는 흰색 또는 엷은 황색을 띤 색조의 것.
② 청자계
엷은 청자색의 품위 있는 색조의 것.
③ 교맥계
올리브색에 가까운 회색이 도는 황길색의 것.
④ 해서계
어두운 청색으로 엷은 감색을 띠는 것.
⑤ 주니계
차분한 빨간색을 띤 갈색 계통의 색조의 것.
⑥ 철사계
메밀색에 검정을 섞은 듯한 색조의 것.
⑦ 균요계
밝은 푸른색으로 기품이 있는 것.

그런데 이들의 색조와 수석과의 관계는 일반적인 원칙은 말할 수 있으나 그 외는 글로 표현할 수 없다. 개개 그 사람의 감각의 문제이기 때문이다.

▼ 백교지계→ 거의 모든 색의 수석에 맞는다.
▼ 청자계·균요계→ 밝은 색조의 수석이 좋을 듯하다. 검은색도 적합하다.

44

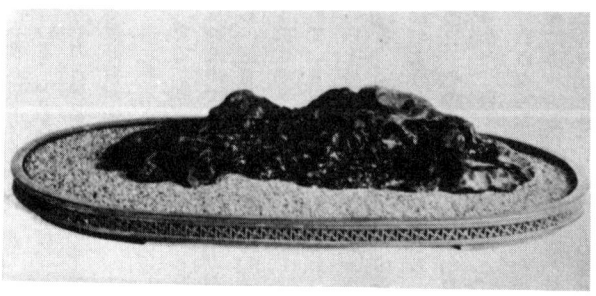

▼ 교맥계→창흑색의 수석은 그다지 좋지 않을 것 같고 그 외의것이라면 대략 적합하다.
▼ 해서계→거의 대부분의 돌에 적합하지만 적색은 맞지 않는다.
▼ 주니계·철사계→엷은 색조의 것이 맞는다.
 또 동반에는 검은 계통의 엷은색이 도는 수석이나 용안계의 돌 등이 특히 적합한 것 같다.

크기와의 관계

수반의 크기는 16센티의 작은 것에서부터 91센티의 크기도 있으나 전술한 바와 같이 가장 많이 쓰이는 것은 46센티, 55센티, 62센티 정도의 것이다.
 그럼 그 크기와 수석과의 관계를 생각해 보자. 대개 수석 2에 대해 수반 3의 비율이 좋다. 즉 좌우의 길이 20센티의 수석에는 좌우 30센티 정도의 수반을 사는 것이 타당하다. 이 정도의 여유가 없으면 수석이 가지는 경치가 크게 보이지 않으므로 연상의 폭을 즐길 수가 없다. 실제로는 그 수석에 대해 이상적인 크기의 수반을 얻기

수반 안에 수석을 놓는 방법

중앙에 두어서는 여백이 작용하지 못한다.

이래서는 등을 향한 듯하여 좋지 않다.

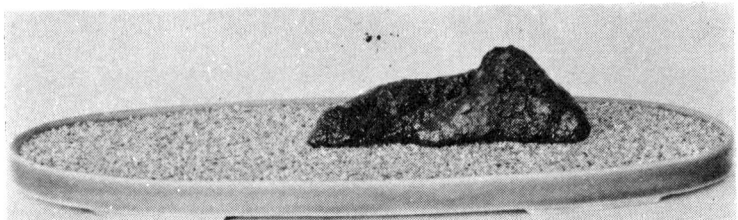

역시 모양에 따라 왼쪽에 넓게 스페이스를 두는 편이 연상에 폭이 생겨 좋다.

양끝이 뒤와 옆으로 퍼져서는 돌의 박력이 없어져 버린다. 안으로 해야 한다.

어려운 경우도 있으나 원칙적으로는 스페이스가 없는 사용법은 취해지지 않고 되도록 '2…3'의 비율을 갖는 수반을 준비하는 것이 좋다.
 또 환형의 수석을 화분에 넣는 것은 주위에 적당한 스페이스가 있는 정도로 좋다. 또 의도적으로 큰 수반을 써 스페이스를 마음껏 사용하는 경우도 있는데 이것은 상식에서 보자면 예외라 해도 좋을 것이다.

수반 내의 수석의 위치
 수반은 단순히 수석을 넣기 위한 용기가 아니고 그것을 최고로 살리기 위한 용구이므로 이런 점에서 생각하면 단지 수반 속에 두면 좋다 라고 말할 수는 없을 것이다.
 바꾸어 말하자면 수반 안에 두는 수석이 위치가 문제가 된다. 그 원칙을 말하면 수반 안의 중앙부에는 두지 않고 좌우 어떤 쪽으로 비켜 둔다 라는 것이다. 즉 이렇게 함으로서 여백의 스페이스를 만

들고 수석이 가지는 경치를 넓게 맛볼 수 있는 것이다.

그럼 무엇을 기준으로 하여 좌우로 하느냐 하면 그것은 수석의 '모양'이다. '모양'이란 그 수석의 방향에 따라 생기는 것으로 예를들면 산형인 경우 주봉이 오른쪽으로 치우쳐 뻗고 들판이 왼쪽으로 퍼졌다고 한다면 '오른쪽 모양'이 된다. 반대로 주봉이 왼쪽 치우침이면 '왼쪽 모양'이 되는 것이다. 이 '모양'에 의해 '오른쪽 모양'의 것은 다소 오른쪽으로 두고 왼쪽을 다소 넓히는 것이다. '왼쪽 모양'의 것은 물론 이 반대로 하면 좋은 것이다. 산형 이외의 경우는 그 수석의 주가 될 곳의 위치와 그 풍치가 퍼져 가는 방향 등에 따라 '모양'을 생각하면 된다. 또 거의 환형으로 '모양'을 정하기 어려운 돌은 대략 수반 중앙에 두면 될 것이다.

그럼 좌우 어느쪽으로 하든 어떤 정도가 좋으냐 하는 의문도 나오게 되는데 이것에 대해서는 '오른쪽 모양'의 경우는 왼쪽으로 스페

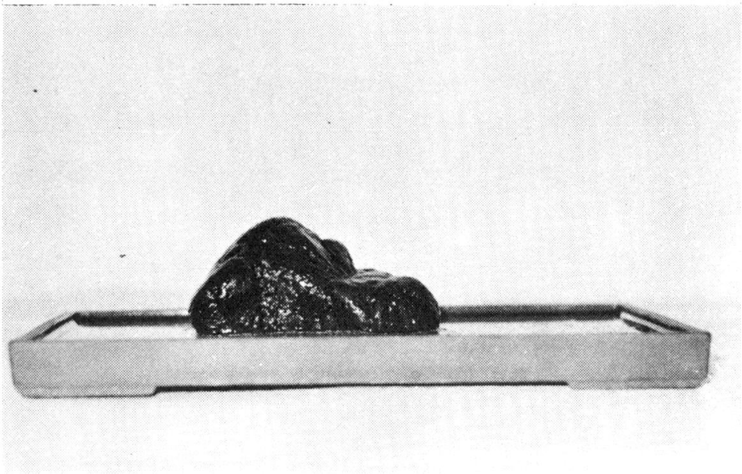

이스 10센티이다, 오른쪽 5센티이다 그렇게 말하기는 어렵다. 어디까지나 개개의 수석과 수반과의 관계에 있어서 감각적으로 처리하는 수밖에 없는 것이다. 다만 생각할 것은 환형의 수석 이외는 수반 중심선에서 주봉(혹은 주봉에 상당하는 강한 솟음이 있는 곳)의 심을 피해 앉혀야 한다는 것이 대원칙이므로 이것을 잘 이해해 두기 바란다.

또 전후의 위치에 대해서는 이것도 원칙적으로 앞면을 넓게 취하고 다소 뒤를 좁히는 것이 좋다. 6분, 4분이라고 할까. 가능한 수반 위의 스페이스를 여유있게 보고 싶은 것이다.

모래의 취급법

첫머리에

수석을 장식하는 기본은 간소화와 청결감에 있다고 생각함으로 수반에 모래를 이용할 때도 모래 알갱이를 모아 물로 잘 씻어 청결한 모래를 수반에 듬뿍 사용하여 물을 넣고 관상하는 것이 가장 좋을 것이라고 생각한다.

모래의 크기 문제인데 돌의 크기에 비해 천분의 4 나 5 가 되는 알갱이가 기준이다. 일반적으로는 2 밀리 이상 0.05밀리 이하의 것은 사용하지 않는다. 진흙을 사용하면 불결감이 있다.

모래 입수법

모래를 입수하는데는 다음 세가지 방법이 있다.
사정에 맞는 방법으로 좋은 모래를 모으기 바란다.

강에서 얻은 모래

1. 업자로부터의 구입(분재·수석 업자가 취급하고 있다)
2. 산지의 석우(石友)로부터 입수
3. 산지로 가서 직접 채취

모래 준비법

입수한 모래는 화창한 날에 잘 건조시켜 채에 거른다. 밤이슬이나 고양이의 피해를 피하여 하룻동안 재빨리 건조시켜 준다.

채로 친 모래

채는 인치에 따라 16칸, 20칸, 24칸, 32칸을 사용하고 16칸의 채에 남은 것과 32칸에서 생긴 것은 사용 불능이고 20칸 내지 24칸의 것이 이상적이다.

물로 씻는 데는 모래를 32칸의 채에 넣고 큰 통에 물을 담아 그 속에서 흔들어 씻는다.

쌀을 씻듯이 맑은 물이 나올 때까지 정성껏 씻어 준다.

모래의 색

모래는 돌을 눈에 띄게 하기 위한 것이므로 모래 알갱이 색에 변화가 없는 소프트한 느낌의 것이 좋고 사질(砂質)은 약간 적갈색의 화경암질이 좋고 그리고 마른 상태일 때도 젖은 상태일 때도 같은 색인 것이 최고로 적합하고 젖었을 때 변화가 있는 것은 피하도록 해야 한다.

모래와 수반

어째서 수반에 모래를 까는 것일까. 돌을 보다 잘 보이게 하기 위해서이고, 돌과 수반과의 사이의 쿠션이기도 하고, 돌의 앉음을 조절하기 위해서이기도 하고, 진동 등의 쇼크를 완화시켜 돌과 수반을 보호하기 위해서이다.

수반에 모래를 듬뿍 깔고 물뿌리개로 물을 충분히 주어 수반을 앞

뒤로 흔들어 모래를 밀착시키고 사면을 평평히 한 뒤 수반을 서서히 기울여 모래가 치우치지 않도록 충분히 주의하여 물을 따르면 모래는 돌이 잘 앉도록 해 준다. 그리고 장식할 곳으로 옮겨 돌을 젖혀 돌의 모양을 잘 보아 앉힌다.

수반에 돌을 앉히려 운반할 때는 조심해야 한다. 업자도 실수할 때가 있다.

돌 장식이 끝나면 분무기로 물을 뿌려 젖은 색과 살갗의 건조의 변화를 즐기도록 한다.

돌에 대한 배려

가까운 풍경이나 섬모양은 물을 듬뿍 뿌리고 먼산 등은 모래를 적실 정도로 하는 등 돌의 경치에 따라 조절하고 양도 돌의 볼륨을 고

수반의 물 없애기

려하여 힘이 강한 돌은 모래를 삼가하여 넣고 힘이 약한 것에는 듬뿍 넣어 수반의 양을 콘트롤하기 바란다.

근경인 모래는 거친 것으로 원경의 것은 가는 것으로 하고 모래는 1주일에 1회 정도 씻어 깨끗하게 하고 채를 준비하여 청결감을 느낄 수 있도록 한다.

모래가 굳어 버리는 경우가 있는데 이것은 모래 속에 진흙 성분이 있거나 풍화에 의해 분해되는 것으로 채로 잘 쳐 물로 씻어 먼지를 제거하는 것이 중요하다. 모래는 현재는 좀처럼 입수가 곤란해져 버렸다. 채집과 수송, 씻기, 채로 치기 등 매우 성가시므로 소중하게 사용하기 바란다.

수고할수록 운모가 제거되고 점점 좋은 맛이 나온다.

채는 눈이 성긴 것을 최소로 하여 가늘수록 크게 만들어 상자에 넣어 두면 편리하다.

모래는 손질을 게을리하면 더러워진다.

다음은 사진을 사용하여 모래 사용법에 대해 서술해 보겠다.
위의 사진은 모래를 전혀 씻지 않아 기포가 생겨 매우 지저분하다. 모래는 반드시 완전히 씻은 다음 사용하기 바란다.

분산식의 연출, 피하는 편이 좋을 것이다.

 자주 지방 모임에서 볼 수 있는 모래 사용법이다. 수석 장식의 극치는 생략에 있다고들 하는데 수반의 끝이 소판형인 것과 흰 대리석 모래의 흰 곡선이 중복되어 번잡스럽다. 또 바닷물은 수석에는 적합하지 않다고 할 수 있을 것이다. 이와 같은 연출은 옛날에 자주 있었던 것 같은데 수석의 본도에서는 벗어나 있다.

p. 59 사진은 모래의 양이 매우 적고 뒤의 수반의 가장자리가 흰색으로 강하여 돌이 죽어 버린다.

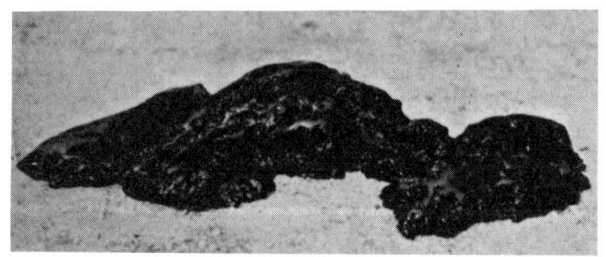

다음 사진은 위의 것에 좀더 모래를 가하여 돌을 정비했다.

덧붙여 말하자면 이것 보다도 좀더 깊이를 주는 것이 한층 좋을 것이다.

모래가 적다.

적량

테이블의 사용법

첫머리에

수석의 진열은 선의 생략으로 극치를 이루는 것이라고 나는 생각하고 있다. 테이블의 경우도 쓸데없는 선을 생략하는 것이 좋을 것이다. 그러므로 조각이 되어 있는 것 보다 없는 것, 테이블 키가 큰 것 보다 낮은 것이 맞는 것이다.

단 수석 진열에서는 돌과 테이블, 돌과 수반과 테이블이라는 식으로 일체화시키는 것이 필요하다.

재질은 자단(紫檀)·흑단(黑檀)·철도목(鉄刀木)·황양목(黃楊木)·화려(花櫚)가 있고 명공에 의한 작품으로 수백만원이 되는 고가의

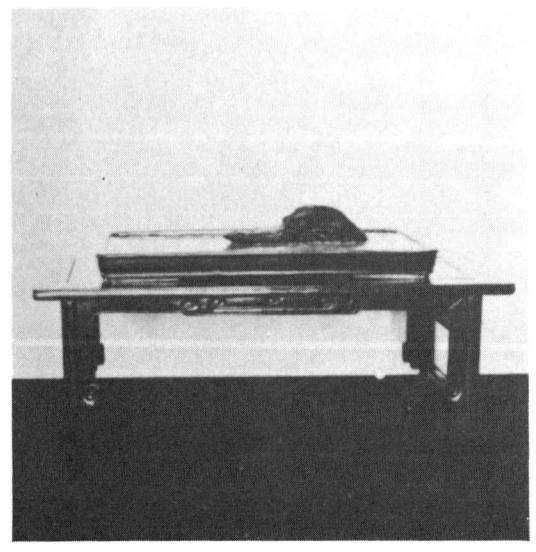

61

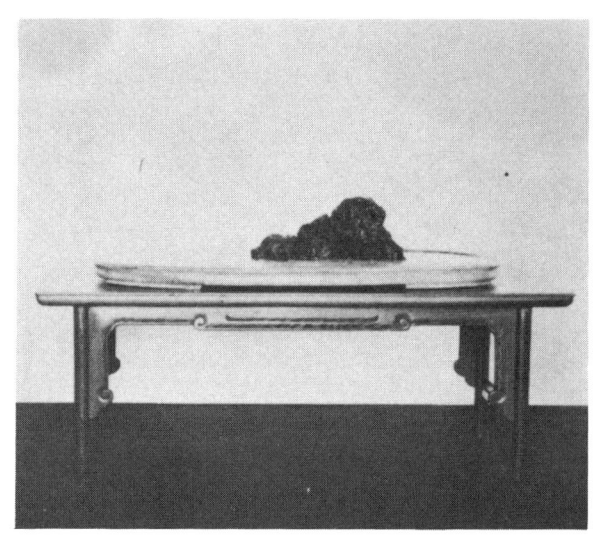

62

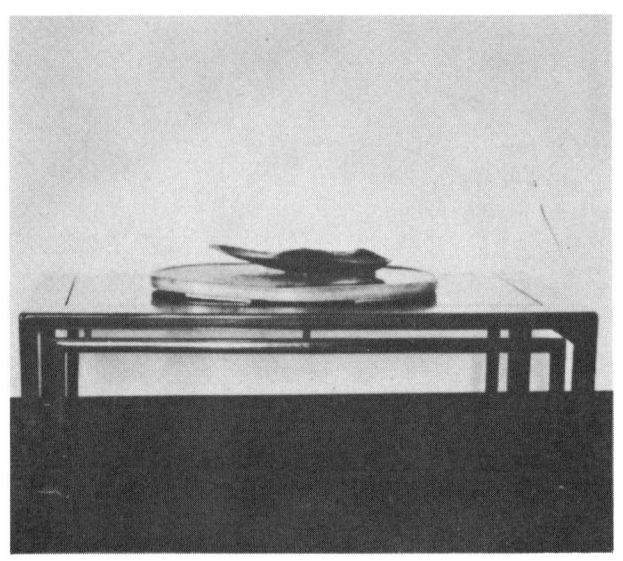

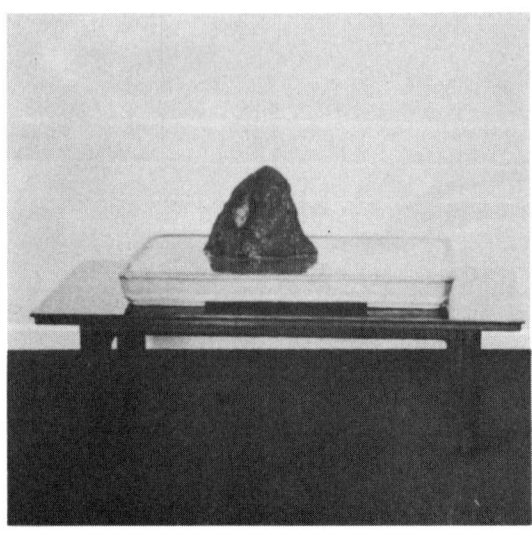

물건도 있다.

 테이블을 살 경우나 주문하여 만들 때는 판 한장의 천단 테이블이 깊이가 있는 수반도, 작은 수반일 때도 사용할 수 있어 편리하다.

 이하 사진을 이용하여 설명해 보도록 하겠다.

 이 테이블은 수석용으로 만든 것으로 어떤 돌이나 앉힐 수 있다. 이런 경우 돌과 수반과의 밸런스도 있어야 하고 수반과 테이블과의 밸런스도 생각해야 한다.

 이 예는 돌, 수반, 테이블과의 밸런스가 잘 정비되어 있다고 말할 수 있을 것이다.

 보통 테두리가 있는 천단으로 수반의 다리가 걸리지 않도록 조심해야 한다.

 이 테이블은 철도목(鉄刀木)으로 되어 있다. 깊이가 없는 돌을 연출하기 위해 수반은 도취이고 단책형의 소편을 만들어 거기에 맞추어 만든 것이 이 테이블이다. 삼위일체라는 말은 할 수 있을 것이지만 특수한 예라고 할 수 있을 것이다.

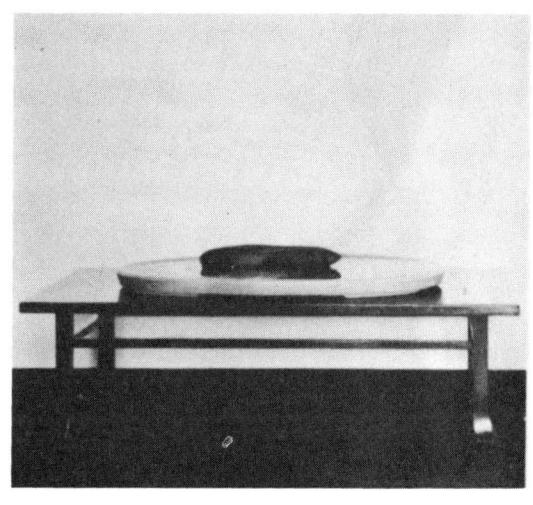

64

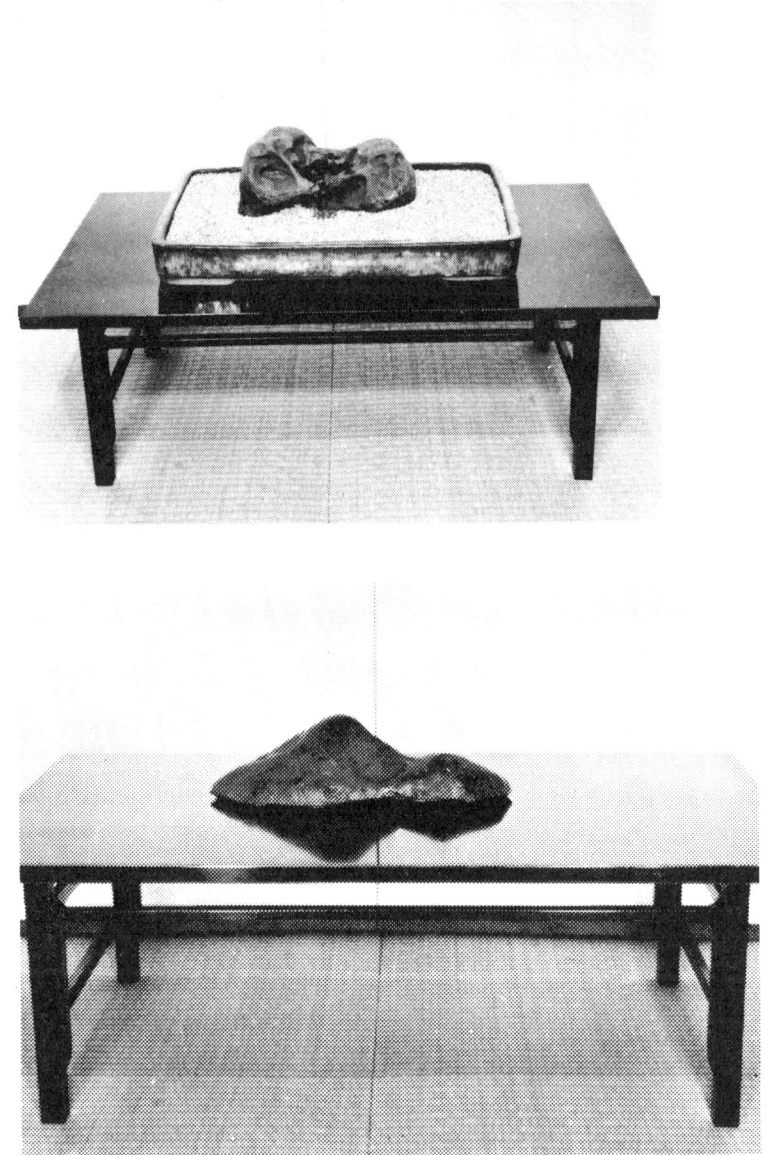

일문자(一文字)·낙지발·운수(雲袖)의 테이블이다.

도평탁(塗平卓). 작은 원산석을 어떻게 해서든지 살피고 싶어 면으로 되어 있는 고탁을 써 보았는데 절립의 지판 보다도 경치를 크게 하려고 이 테이블을 사용해 보았다.

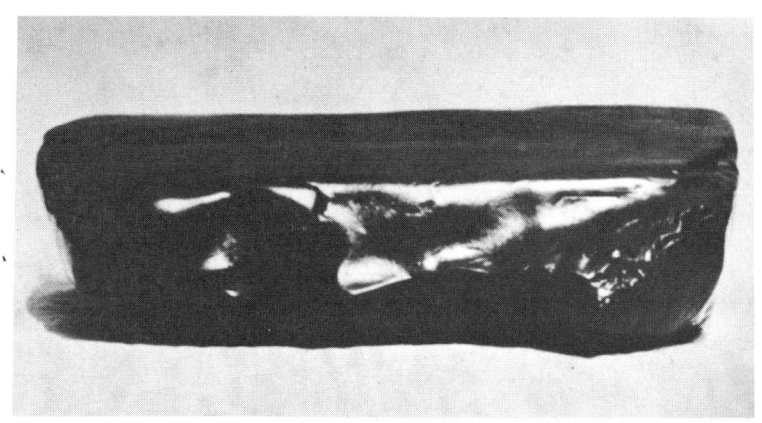

66

이런 사용법도 생각할 수 있을 것이다.

수반에 비해 테이블이 딱딱한 예이다. 수반이 너무나 작다.

이 테이블은 세련되고 화사함으로 테두리가 가득히 차는 장방형의 수반이면 어울린다.

일문자의 직족(直足) 테이블로 자제이다. 구석에 둔 환선의 수반에 딱 맞는 것이다.

앞면의 자락이 위의 반 정도의 두께이면 산뜻하게 보여 좋을 것 같다.

보통 이 도형의 돌에 비해 수반은 깊이가 깊고 리미트라고 할 수 있을 것이다.

이 토피석(土坡石)에 일양의 메밀 수반은 딱맞는다고 할 수 있다. 테이블은 천단 일문자에 굽은 발이다.

수반의 소구 1에 대해 천단의 소구는 0.8 천단의 소구 1에 대해 발의 굵기 1.2 정도가 딱 맞을 것이다.

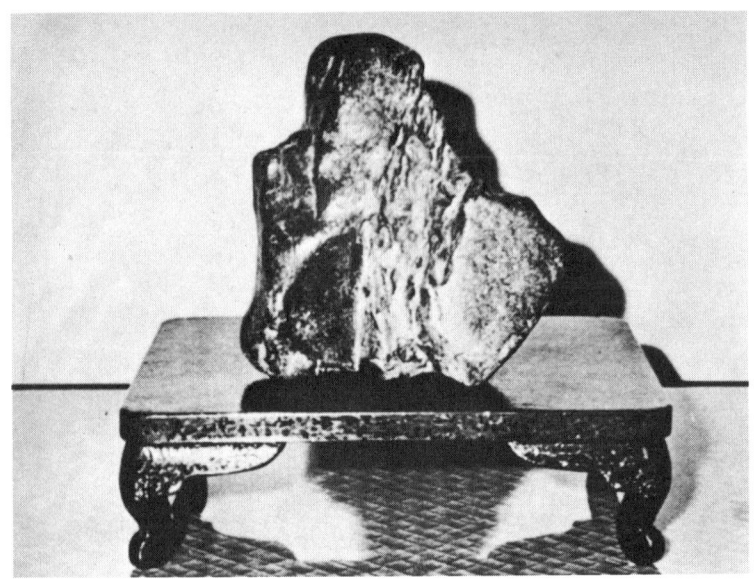

　사진은 소구를 보고 있고 또 옆에서 찍어 딱딱한 느낌이지만 실제로는 좀더 소프트한 느낌이다.
　자채석에 신탁의 화분에 모래를 깔아 보았다.
　테이블은 직접 만들었고 선의 생략을 기했다.
　천단은 두꺼운 판을 사용했으나 소구의 면을 취했으므로 날씬해 보인다.
　앞항의 것과 같은 테이블이다.
　테두리가 없으므로 복잡하지 않고 대리석으로 사용해도 좋은 예이다.
　22항에 소개한 테이블의 사진으로 윗쪽은 자작한 것이므로 약간 설명을 하겠다.
　왼쪽에서부터 직족인 테이블 보강을 위해 발의 종목의 끝이 두껍게 되어 있으므로 다소 딱딱한 느낌이다.

맨가운데의 테이블은 천단이 두꺼운 것을 사용하고 있는데 소구를 깍아 매우 산뜻한 느낌이 나고 있다고 생각한다.

오른쪽의 것은 두고 보는 데는 아래가 무거워져 버려 적합치 않지만 대에 붙이는 세움돌에는 매우 잘 맞고 불상 등을 놓는데도 좋을 것이다.

이렇게 하여 자작의 테이블을 만들어 싼 수반이나 화분이라도 좋으니 깨끗이 모래를 깔고 자채한 돌을 장식해 놓고 즐기는 것도 앞으로 좋을 것이다.

연구하기에 따라 즐길 폭도 넓어진다.

첨배(添配)의 채용법

첨배를 채용하는 경우

 첨배는 첨경소도구(添景小道具)라고도 일컬어지는데 모두 수석의 관상 때 쓰이는 첨가물이다.
 전시회 등에서 자주 보듯이 5층탑, 새집, 모옥, 정자, 다리, 촛대, 배 등에서부터 관음, 농부 혹은 사슴이나 소 등의 동물에 이르기까지 그 종류는 매우 많다. 물론 수석의 기호가 산수풍물시(山水風物詩)의 세계에 있으므로 자연경에 친숙한 풍치가 있는 것에 한정되

▲실예 1.

▼실예 2.

는 것은 말할 것도 없지만 근대적인 건물이나 배등은 쓰이지 않고 있다. 또 크기는 되도록 작은 것이 좋음은 물론이고 너무 큰 것을 쓰면 중요한 수석의 경치가 오히려 적어져 버린다. 물에 사슴을 두면 연못이 되지만 모옥을 배치하면 호수로 보이는 것도 있다.

배치는 그 재질이나 제법에 따라 대체로 3종류 정도로 나눌 수 있다. 나무로 만들어진 것, 도자기 그리고 고청동을 사용한 것 등이다. 물론 가장 고급은 주동의 첨배인데 좋은 것은 입수가 용이하지 않으므로 사용이 쉽고 세련된 작품이라면 도자기라도, 나무로 만든 것이라도 좋다.

단 너무 색채가 화려한 것은 사용하지 않았으면 한다. 그런 것은 오히려 사용하지 않는 편이 좋다고 할 수 있다. 왜냐하면 자칫 잘못 쓰면 오히려 경치가 작아지거나 수석의 관상 가치를 감소시켜 버리기 때문이다.

그럼 어떤 경우에 써야 하는가.

① 경치가 '결정수' 약한 경우 (앞항의 실례 Ⅰ=무엇인가를 첨가하지 않으면 인상을 주기 어렵다.)

② 일단 경치는 있으나 첨배를 두는 것에 의해 눈에 띄게 약동감을 가져오는 경우(실례 Ⅱ=수반 위의 여백 스페이스를 정돈하고 효과도 있다.)

요컨대 첨배는 어디까지나 수석에 첨가하는 배경을 보충하거나 정리해 주기 위한 소도구인 것이다.

능숙한 사용법

실제 사용에 있어서는 다음과 같은 사항에 주의하면 좋을 것이다.

① 그 수석이 가지는 이미지를 이끌어 낼 수 있는 것을 사용할것. 즉 암석석(岩潟石)에는 배, 토피석(土坡石)에는 모옥과 같이 수석에 맞추어 선택하는 것이 무엇 보다도 중요하다.

② 앞 항을 반대로 말하면 그 수석이 가지는 경치와 이질감이 있어서는 안된다는 것이다. 예를 들어 말하자면 원산을 나타내는 것

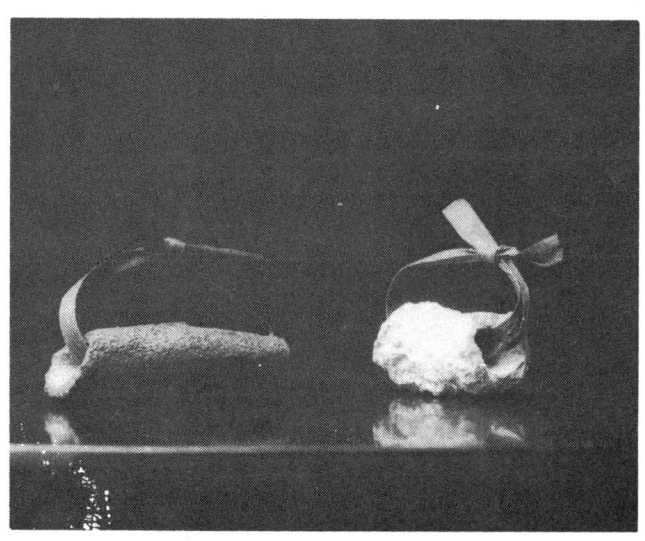

첨배의 여러 가지

첨배의 명품

에 촛대를 붙이거나 해변의 정취가 있는 것에 5층탑이 있어서는 우스꽝스럽다.

③ 첨배의 크기는 그 수석의 몇백분의 1이나 혹은 천분의 1, 아무튼 가능한 적은 것일 것.

④ 첨배를 두는 장소는 매우 어렵다. 어렵다기 보다 말로 표현하

75

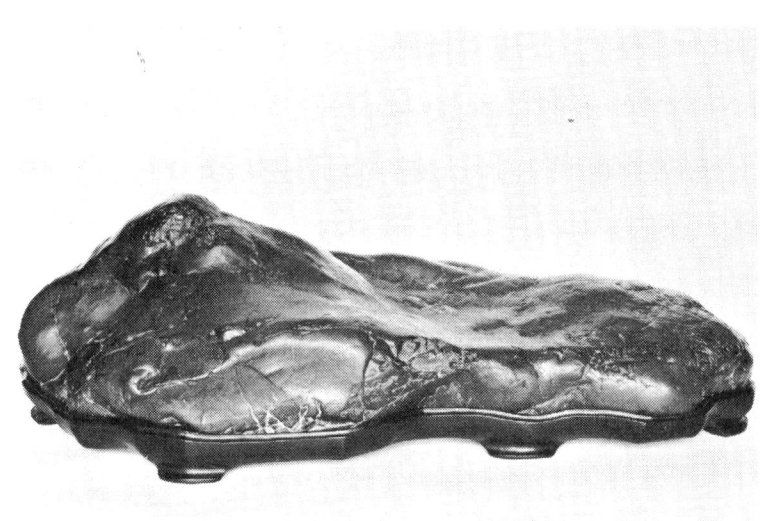

76

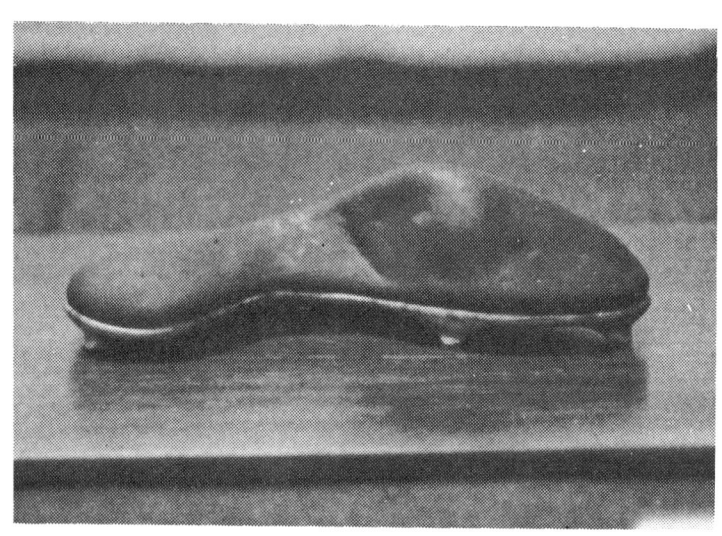

기 어렵지만 개략적으로 말하자면 전면 보다도 다소 뒷쪽이 깊이가 생겨 좋고 또 중앙부 보다 좌우의 끝 가까운 곳이 경치가 퍼지는 듯하여 좋다.

⑤ 좀더 구체적으로 서술해 보겠다. 산모양이나 단석 등에 모옥이나 5층탑 등을 두는 경우에는 산정 보다 중턱이 어울리고 그것도 중앙이나 앞쪽 보다도 다소 후방쪽이 좋다.

⑥ 해변이나 섬모양에 작은 배 등을 배치하는 경우에는 수석과 수반 끝과의 거리에서 같은 것 보다 다소 끝쪽으로 치우치는 편이

효과적이다. 돌에 너무 가까우면 공간이 죽어 버리기 때문이다.

⑦ 원칙적으로 첨배는 그 수석 위에 두거나 혹은 수반 안에 배치하지만 이것을 수반이나 대좌(台座)에서 떼어, 예를 들면 테이블 위 등에 첨가하는 경우도 있다. 큰 경치를 연출할 수 있는 효과도 있지만 사용법을 잘못하면 산만해져 버린다. 요는 그 장면에 있어서 심미안의 작용에 의해 조작하는 수밖에 없다.

이상은 대략적인 개요이지만 이들을 참고로 하여 자유자재로 첨배를 즐기기 바란다. 단 수석에 최적한 첨배를 선택하여 연출하고, 전체를 하나의 경치로 다루고 예를 들면 '연우(煙雨)'나 '조음(潮音)'과 같은 화제(画題)식의 이름을 붙이는 것도 재미있을 것이다.

명인의 실예 6경(六景)

〈실례 사진 해설〉
(1) 뇌전천석(瀨田川石) 과 쌍학

뇌전천석은 어느편인가 하면 근경을 나타내는 것으로 작은 언덕에서 들판으로 경치를 서서 보는 두 마리의 학을 배치해보았다. 말하자면 첨배의 수석에 대한 직접법이다.

(2) 이귀선석(裏貴船石)과 가마우지(鵜飼)를 훈련시켜 여름밤에 횃불을 켜 놓고 은어 따위의 물고기를 잡게 하는 배

먼 산맥 혹은 평온한 도형이라고 보아도 좋을 것이다. 첨배는 수석을 따르듯이 두어 오히려 효과를 기했다. 판상(板狀)의 동반(銅盤)도 산다.

(3) 가무천석(加茂川石)과 배

그야말로 산수화 중의 하나라고 할 수 있을 것이다. 튀어나온 바위 코와 배가 어우러져 합치되어 있다.

(4) 음비천석(揖裴川石)과 누각

읍비천석의 폭포가 유유히 떨어지는 곳에 중국풍의 누각을 배치했다. 다소 첨배가 큰 것 같지만 용석에는 이질감이 없다. 여름날 시원함을 즐기는 풍정(風情)이다.

(5) 좌치천석(佐治川石)과 물 푸는 여자

두칸 모사에 자못 정취가 있다. 여기에는 물 푸는 여자가 딱 맞는 첨배라 할 수 있다. 이와 같이 밑받침대에 두는 것도 재미 있다.

(6) 황전매림석(荒川梅林石)과 사공

수반 밖에 첨배를 두어, 말하자면 간접법에 의해 관상자의 연상을 이끌어내 보았다. 이렇게 하면 수석의 경치가 매우 커진다.

소품분재·초목의 첨가법

소품분재를 능숙하게 사용하는 법

수석은 원래가 무기물로 생장하는 것이 아니므로 보기에 움직임이 없고 그것만 늘어 놓으면 아무래도 느낌이 딱딱하다. 그러므로 소품분재나 초목을 첨가하면 그런 결점이 보완되고 그 위에 잘 사용하면 수석 그 자체가 한층 관상 가치를 올리게 되어 효과적이다.

소품분재란 새삼스럽게 말할 것도 없이 나무 높이 20센티 전후의 것을 가리키고 있는데 수석에 붙이는 경우는 그 크기에 따라 다르지만 14, 5센티 정도의 것이 가장 적합한 것 같다. 20센티 이상의 것이면 오히려 수석의 풍치를 반감시켜 버리는 경우도 있고 또 7~8센티 정도의 너무 작은 것은 정경을 자아내기 어려워진다. 물론 실제로는 그 수석의 크기에 준하여 선택하면 좋다.

그럼 소품분재를 쓰는 경우에는 어떤 점에 유의하면 좋을까.

① 소품분재는 어디까지나 수석에 첨가하는 것이므로 진짜 모양의 것, 즉 당당한 곧은 나무줄기나 굵은 줄기의 것은 오히려 효과적이지 못하다. 자칫하면 수석쪽이 져 버리기 때문이다.

② 비스듬한 줄기, 무늬목, 문인목의 가벼운 정취의 것으로 깔끔한 모습의 것이 좋다.

③ 다음으로 당연한 일이지만 그 수석이 만들어내는 풍경과 연결되는 것이어야 한다.

원산형에 적송 등은 아주 좋고 해안의 흑송도 재미있다. 바다에서 산을 보는 풍경도 얻을 수 있기 때문이다. 요는 풍경이 분열되지 않는 것이다.

④ 수석이 지니는 이미지와 서로 어우러지는 것이 바람직하다. 소

프트한 감각의 것에 호쾌한 금송을 이용해서는 이질감이 생겨 버린다.

⑤ 맞추는데 있어서는 수반과 소품분재의 화분 및 수석의 테이블과 분재의 테이블 등이 너무 같은 식으로 되지 않도록 명심하는 것도 중요하다. 백교지(白交趾)의 수반에 흰색의 화분이어서는 너무 단조롭다.

뇌전천석(瀨田川石)과 흑송문인목

평평한 원산석과 흑송의 문인목이 잘 어우러져 있다. 문인목의 가지 무늬와 원산의 능선과의 조화도 있고 테이블과 지판의 고저도 교묘하다.

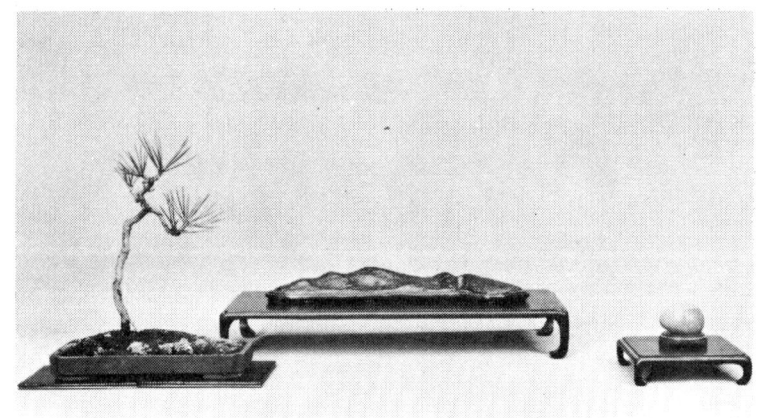

납매(蠟梅)와 후지석

큰 분재와 수석과는 그다지 어울리지 않지만 이 진열은 멋지다. '저녁 후지'라고 이름 붙여진 수석의 정취와 납매 가지의 조화가 훌륭하게 일체화되어 있다.

초목 첨가법과 마음가짐

초목은 소품분재 이상으로 수석에 첨가하여 효과를 볼 수 있다고 할 수 있다. 그것은 초목이 가지는 야취(野趣)와 부드러움이 수석의 풍정을 북돋우는 데 도움이 되기 때문이라고 생각된다. 물론 수석을 주장식으로 하여 초목을 첨가하는 것이므로 그 선정에는 상

당한 눈이 필요하게 된다. 초목이면 무엇이나 되는 것이 아니다.
　그러므로 선정에 대한 개요를 서술해 보겠다.
　① 우선 수석이 산수풍물시(山水風物詩)의 세계에 있는 것이므로 여기에 첨가하는 초목도 그런 정취가 있는 것이어야 한다. 개략적으로 한국산의 산야초는 적합하지만 서양 종류의 화려한 것은 적합치 않은 것 같다.
　② 일반적으로 말하자면 풀의 키는 작고 잎 모양도 작은 것이 좋다. 잎이 너무 우거지고 잎 모양이 큰 것은 수석쪽이 덧붙여진 것 같이 되어 버릴 것이다.
　③ 다음은 이상 조건인데 가능하다면 다소라도 받아들이기 바란다. 표토에 이끼가 나와 있는 정도의 것이 수석의 정취와 어울어진다.
　한마디로 초목이라고는 해도 산초나 야초 등 종류는 매우 많은

데 비교적 자주 쓰이고 있는 것을 예로 들면 다음과 같다.

　노루귀, 민들레, 갈대, 백로초, 붉은띠, 석창포, 고사리, 물억새, 용담, 두견초, 수련.

　이들은 백화점의 원예 매장이나 원예점 혹은 분재점 등으로부터 좋은 것이 있을 때에 입수해 두는 것이 좋다. 단 산초전(山草展)

등에는 대개 매매석이 병설되어 있으므로 그길에 되도록 사는 것이 좋을 것이다.

배양에 대한 상술은 할애하겠지만 요는 평소부터 정성스럽게 손질을 하여 키워 두도록 한다. 또 수가 많아지면 풀의 이름을 잊지 않도록 명찰을 구하여 써서 화분에 꽂아 두는 것이 좋다. 또 종류에 따라서는 산에서 채취할 수도 있으므로 하이킹 등을 할때에 뿌리를 다치지 않도록 채취해 두는 것도 좋다.

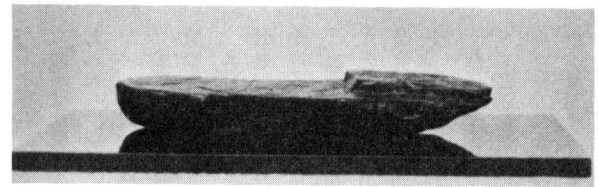

가무천석(加茂川石)과 희풍지초(姫風知草)

가무천석에 대해 여름의 초목으로써 대표적인 희풍지초를 첨가하여 계절감을 자아내고 있다. 수반과 화분, 평탁과 수판(둥근 지판)의 대조도 좋다.

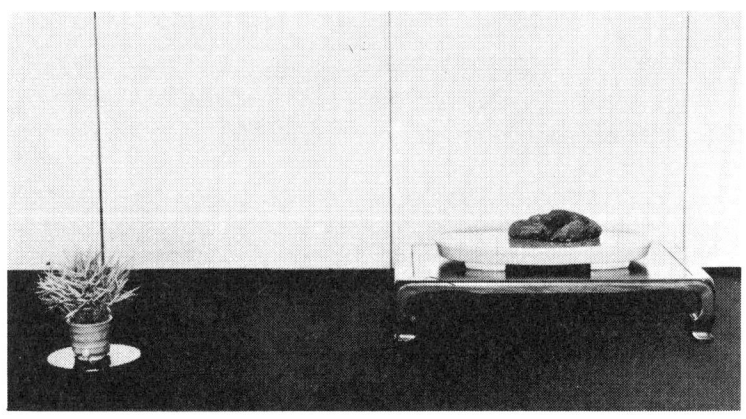

팔해산석(八海山石)과 희인초(姬蘭草)

팔해산석의 움푹 파인 박력 있는 수석에 대해 가는 인초의 무성한 풍정이 강약의 대조 정취를 표현해 내고 있다. 진열의 세련미도 훌륭하다.

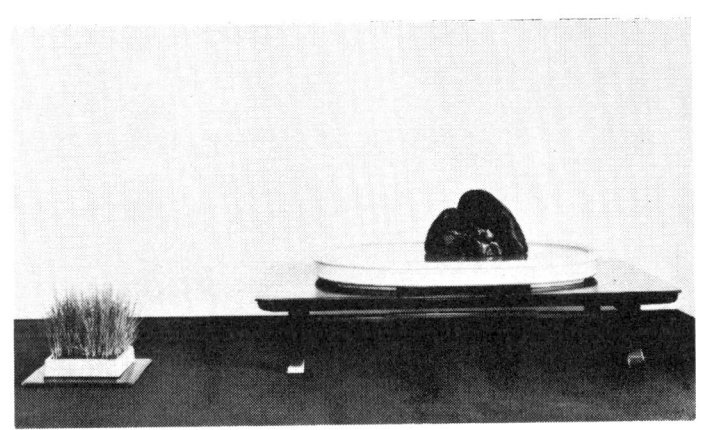

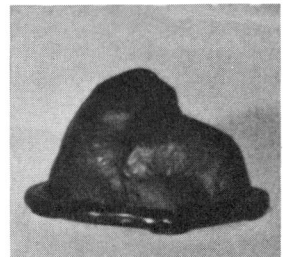

원산석에 이끼 심기

수석을 즐기는 방법 하나에 이끼 심기가 있다. 얕은 화분에 흙을 넣어 산수의 경취를 표현하고 있다.

모사석(茅舍石)에도 적합하다.

다음에 수석에 첨가할 때의 약간의 주의 사항을 나타내어 두겠다.

① 어떤 수석에 어떤 초목이 좋겠다고 일괄적으로 말할 수는 없지만 일반적으로 산경인 것에는 산토가 좋다. 그러나 오히려 웅대한 경관을 나타내는 경우도 있다. 결국은 경치의 연결에 이질감이 없으면 좋다고 할 수 있을 것이다.

② 감각상에서 말하자면 원경을 나타내는 수석에는 가능한 길이가 짧은 것이 좋다. 반대로 근경을 나타내는 것에는 인초나 대만 물억새와 같이 키가 큰 것이나 잎이 퍼진 것이 좋다고 할 수 있다.

③ 원칙적으로 바위나 섬 모양의 수석에는 첨초는 첨가하지 않는다. 실경에서 볼 때 다소 이질감이 있고 또 경치가 작아지기 쉽다.

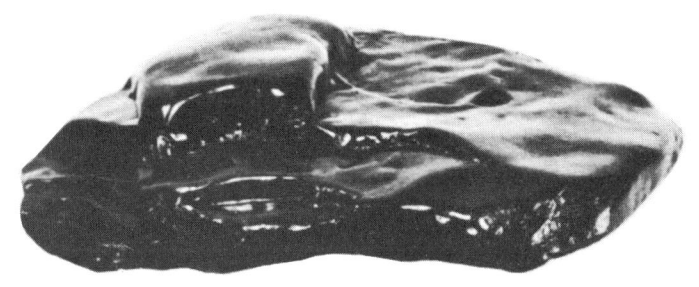

④ 수석의 수반과 초목, 화분과의 대조에도 주의해야 한다. 반드시 전자보다도 후자쪽이 작아야 한다. 또 형상이나 색도 동일 감각의 것이어서는 단조로워진다.

⑤ 동시에 수석의 테이블과 초목의 테이블이나 밑받침과의 어울림도 변화를 고려해야 한다.

기석(奇石) 즐기는 법

기석(奇石) 애호의 변천
기석(奇石)의 관상과 수집법

기석애호(奇石愛好)의 변천

중국의 기석(奇石)

세계적으로도 이상한 돌

수석이라는 말이 널리 유포되기 이전에는 분석(盆石)이나 분산(盆山)이라는 명칭도 있었지만 관상석에는 '기석'이나 '천연기석'이라고 불리우는 것이 있었다. 예를 들면, '자연의 돌에 산수 또는 각종의 형을 갖추고 그 정취가 고아한 인공이 이르지 못하는 것이 있다. 그 모양의 오묘함과 문양이 훌륭한 것도 있다. 또 양자를 합친 것도 있다. 아무튼 그 형상은 다양하여 문인아객의 상찬이 이르지 못한다'라는 문귀가 있듯이 기기묘묘한 것이 많다. 이것이 점차 수

석이라는 말로 쓰이게 되었지만 이와 같이 예전에는 '기석'이라는 말이 일반적으로는 많이 쓰이고 있었다.

그 이유를 우선 생각해 보자.

말할 것도 없이 각각의 흥미석에 어울리는 명칭이 일반화되어 있지 않았다는 것 즉 '기석'으로 바꾸어야 할 용어가 확정되어 있지 않았다는 것이 그 직접적인 이유라고 할 수 있을 것인데 이것을 조금 깊이 생각해 보면 거기에서 애석 심리의 발단을 볼 수가 있다.

본디 인간이 천연돌에 끌려 그것을 소장하고 애완하고 싶다는 그 처음 동기는 무엇이었을까.

그것이 인공이 아닌 훌륭한 모양을 나타내고 혹은 아름다운 문양이나 색채를 가지고 있기 때문임에 틀림없다. 조약돌의 경우를 보면 옛 기록에 '천리 해안에서 광명을 발견하여 그곳을 더듬으니 하나의 조약돌이 있었다'는 문귀에서 보듯이 이것은 가까운 해안에서 굴

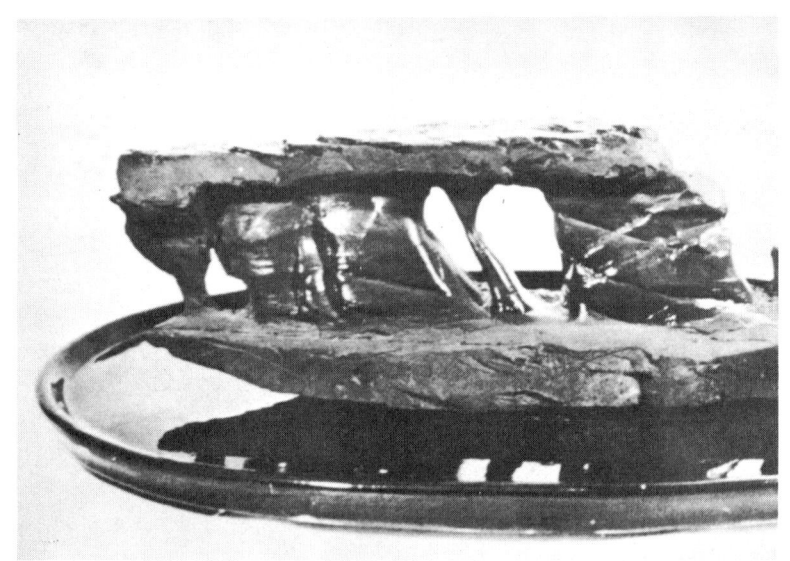

러 다니다 모양 좋은 돌이 **찬란한** 아침이나 저녁 햇살을 받아 젖은 빛을 발하고 있었던 것인지도 모른다. 아무튼 이 짧은 문장에는 아름다운 돌, 뛰어난 모양을 지닌 돌에 대한 소박한 경이와 감탄이 넘치고 있다.

 또 국화석에서 그 유래를 살펴보면, 산간 부락에서 몇백년 되었을 것인데 돌에 국화가 피어 있어 산사람들이 이상하게 생각하여 붙인 것이라는 것이다.
 아직도 예를 들자면 끝이 없지만 또한가지 조금 뉘앙스가 다른 에피소드를 보겠다.
 '남부 어떤 절 비석에서 저절로 물이 나온다. 또 북부 원주민이 큰 돌을 얻었다. 크고 떡 같이 생긴 것으로 절정이라고 생각되는곳

에 오목한 부분이 있다. 이 오목한 부분에서 항상 물을 뿜고 있다. 몇번인가 물을 닦아도 물이 계속되어 전과 같이 되는 것이다.…'

이것은 또 상당히 서민적인 호기심의 표현이다. 현재 과학으로 분석하면 있을 수 없는 이야기같지만 이야기꺼리로서는 상당히 재미있다.

이상 몇가지 예를 들어 고찰해 본 것과 같이 '세계적으로도 이상한 돌'에 대한 소박한 놀라움과 호기심이 관상과 수집의 세계에 있어서 사람과 돌을 연결시키는 단서가 되는 것이다. 거기에는 심오한 철학도 없고 어려운 미학도 없다. 그저 대자연의 무심의 작용에 감동할 뿐이다.

그런 의미에서 기석, 진석의 기호는 애석 취미의 출발점이며 그리고 오늘까지 오랫동안 그 잠재적 저류를 형성시켜 왔다고 할 수 있을 것이다. '수석' 이전에 널리 '기석'이라는 말이 쓰이고 있던 이유도 또 여기에 있는 것이다.

기석의 관상과 수집법

정의와 분류

기석, 진석에 관한 '정의'를 명문화한 곳을 보면,
'…… 사람은 그 기호가 각기 다르다. 요는 어렸을 때부터 옥석을 진완하는 버릇이다.'
이것은 선인에게 논리적인 탐구심이 없었다고 하기 보다도 새삼스럽게 '기석이란 무엇이냐'라고 말할 필요가 없었기 때문이라고 생각된다. 그런 의미에서는 현대도 기석, 진석이 생래무성(生來無性)으로 좋은 사람들이라면 그런 정의 따위 아무래도 좋을지도 모른다. 다만 그 취미계가 광대해져 많은 대중이 참가해 가면 역시 하나의 기준이 요구되게 될 것이다. 왕성해지면 왕성해질수록 여러 가지 문제가 생겨나기 때문이다.
기석은 우선 천연의 소산, 즉 자연석이지 않으면 안된다. 그야말

로 당연한 것이지만 이것은 절대의 조건이다. 어째서 그런가 하면 그것이 천연의 것이고 게다가 기석이며 또 진취를 나타낼 때 애완의 의미가 생겨나기 때문이며 인공으로 만든 것이면 전혀 흥미가 일어나지 않기 때문이다.

제2로 이것도 당연한 것이지만 단순한 자연석이라고 하는 것만으로는 기석이 되지 않는다. 그 돌에 무엇인가 기이한 것, 진기한 것이 있는 것, 그 형이나 무늬나 재질이 특이한 것이어야 한다.

제3으로 기석은 취미의 애완물이다. 학문상의 표본으로서의 돌조각과는 다소 다른 것이다.

따라서 만일 '기석의 정의'를 명문화하면 다음과 같이 될 것이다.

'기석이란 자연석이고 진취 기태를 가지며 애완 관상할 수 있는 것을 말한다'

다음에 기석이란 어떤 종류의 것인가를 말하면 홍취상과 돌종류 2가지로 나누어 분류할 수 있다.

홍취상에서 보면 다음과 같이 된다.

① **형태**

숫자상으로 말하자면 기석중 가장 많다고 생각된다. 어떤 의미에

서의 그 형태가 진귀한 것은 전국 각지에서 산출된다.
② 문양
 화문, 만상체 등 진귀한 문양을 천연적으로 석면에 나타내고 있는 것도 또 많다. 국화석, 매화석, 앵석(櫻石) 등을 비롯하여 사안석(蛇眼石), 중국산의 것이지만 열하성의 석어(石魚), 호북성의 보탑석(宝塔石) 등을 들 수 있다. 또 각지에서 드물게 발견되는 문자석

도 제외할 수 없을 것이다.
③ 음향
 또 기석의 조건으로서 음향을 들어 '이것을 치면 악기를 치는 것과 같은 음향을 내어 그 재질의 특이함을 증명하여 이것을 사랑한

다' 라는 기록도 있듯이 기석에는 음향도 중요하다. 대부분은 소위 향석이지만 특히 유명한 것은 캉캉석이라고 하는 것과 또 이것과는 석질이 다르지만 귀에 대고 흔들면 딸랑딸랑 소리를 내는 영석도 있다.

④ 기상(奇狀)

형태, 문양, 음향 그 어디에도 속하지 않지만 주된 그 성인(成因)으로 기상을 이루는 것이 있다. 예를 들면 향합석(香合石)이나 만두석(饅頭石) 혹은 향을 넣는 것도 되고 또 혹은 속에 검은 흙이 들어 있다.

⑤ 색택(色澤)

미석이라고까지는 할 수 없지만 다소 정취가 색다른 기석을 색택

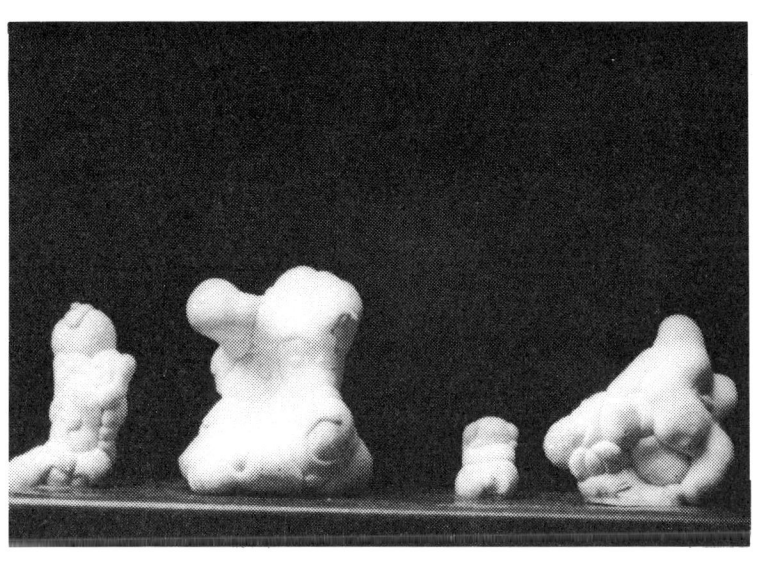

이라고 본다. 예를 들면 삼중현의 웅황(雄黃)이나 중국산의 공작석 (孔雀石) 등은 주로 그 독특한 색택을 감상하는 것이다.

　석질상의 기석 분류이지만 구체적인 명칭을 들면 끝이 없으므로 총괄적으로 다음과 같이 기술해 보겠다.

① **광물**

　수석의 경우는 그 대부분이 암석이었지만 기석에는 광물이 매우

많다. 소위 아석(娿石)이나 명석(鳴石) 무리는 주로 갈철광이라고 일컬어지고 있고 현능석(玄能石)은 불순방해석이며 웅황(雄黃)은 적색유화비소의 광물이라고 한다.

② 암석

2종 이상의 광물이 서로 결합되어 암석이 되었다는 것인데 고곡

계의 기석은 대부분이 규질회석이며 시즈오까의 마제석은 탄산석회분이 풍부한 점판암이다. 암석도 또 많다.

③ 화석

수석이나 미석에는 화석이 거의 없지만 기석에는 약간 볼 수 있다. 천구과석(天狗瓜石)은 상어 이빨의 화석이며 중국 열하산의 석너는 리코프테라어의 화석이라고 일컬어지고 있다.

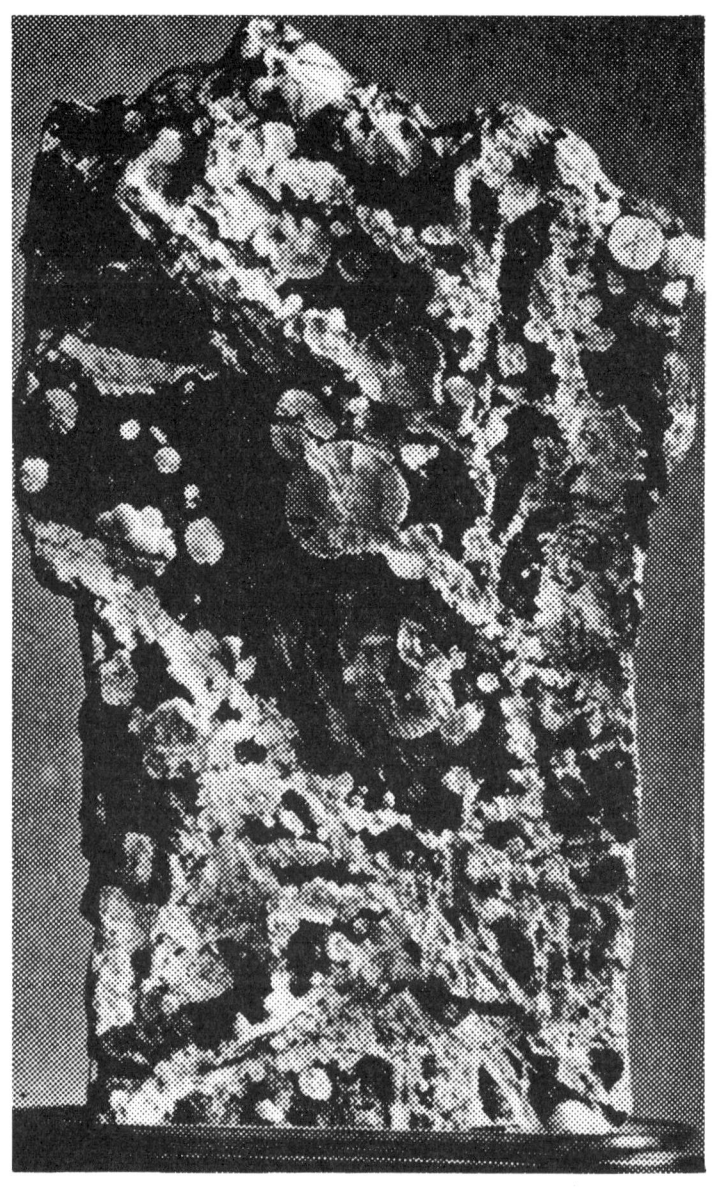

유명한 매화석의 문양은 바다 백합의 유해이며 그 외 각지에 규화목이라고 칭해지는 나무의 화석이 많이 나오고 있다.

규화목 중에는 아름다운 색조를 이루고 있는 것도 있다.

기석의 특색

기석의 정의와 종류에 대해 서술이 끝났으므로 더욱 전진하여 그 특색에 대해 언급해 보겠다. 말하자면 기석의 기석다운 이유를 들어 보는 것이다.

① 진기성과 희소성

기석은 무엇 보다도 진기하고 특이한 형태를 나타내는 것이 아니면 안된다. 소위 진기성이야말로 기석의 생명이다. 진귀하지 않은

구슬의 포석

기석이라는 것은 존재하지 않는다. 따라서 당연 희소성이 풍부할수록 귀중하다. 어디에서나 다수가 산출되는 것은 기석의 가치가 낮아지는 것이다.

② 석질상 및 성인상의 독자성

기석은 단지 그 형이 진귀하다는 것만으로는 재미가 적어지는 것 같다. 바꾸어 말하자면 그 진귀함이 석질상 및 성인상의 독자성에 뿌리를 두는 것일수록 애완할 가치가 있게 되는 것이 아닌가.

한가지 예를 들어 보면 여기에 용암으로 형이 드문 것이 있다고 하자. 그러나 그것은 완전히 우연케 조형된 것이며 용암의 석질이나 성인에 근거를 두고 있으므로 취미가는 일일이 이것은 기석, 이것은 수석 등이라고 구분을 지어 관상할 필요가 있는 것은 아니다. 각각의 기호에 따라 즐기고 싶은 대로 즐기면 되는 것이다. 다만 어디에 기준이 있는가 하면 이상 서술한 것과 같이 되는 것이다.

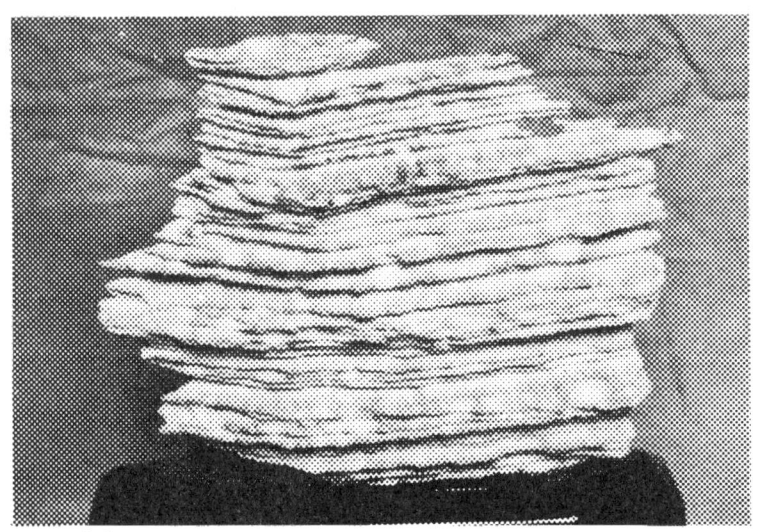

사누카이트

마제석(馬蹄石)

귀갑석(龜甲石)

향합석(香合石)

수집의 방법

기석의 취미는 수집하는 것에 따라 즐거움이 깊어진다. 아니 수집 그 자체가 즐거움이라고 할 수 있을 것이다.

어떤 취미나 그렇지만 자신이 수고를 하여 자신이 모아 볼 때 비로소 그 맛을 만끽할 수 있는 것이다.

특히 기석의 경우는 그런 느낌이 강하다.

다만 옛부터 기석으로서 유명한 것 중에는 지금은 산출이 끊겨 있거나 혹은 산지에 가도 채집이 곤란한 것도 약간 있는 것은 안타깝지만 이들에 대해서는 수장가에게 부탁하여 양도받는 수 밖에는 없을 것이다. 최근의 산석은 산지의 애석 크럽이나 애석가에게 의뢰하여 구입 또는 교환에 의해 입수할 수 있을 것이다. 물론 스스로 답사행을 실시해도 좋고 낚시으로보거니 가매도 좋다.

이상의 입수법을 우선 알기 쉽도록 열거해 보겠다.
① 탐석행에 의한 방법
스스로 여행하여 스스로 채집하는 방법. 산을 걷고 계곡을 건너 자신이 찾아 즐기는 맛은 그야말로 글로 다 나타내기 어려운 것이다.
② 구입에 의한 방법
수장가나 석상으로부터 얻기 어려운 것을 구입하면 좋다. 스스로 찾아가 채집하는 것만으로는 좀처럼 수집 효과를 낼 수 없는 것이다.
③ 교환에 의한 방법
동호가, 예를 들면 2개 있는 것을 1개씩 교환하는 것도 바람직

한 일이다. 기석 취미가 왕성해지면 당연 동호자간의 교류도 족진될 것이다.

다음으로 기석 수집 효과를 낼 수 있는 몇가지 요소를 들어 보겠다.

① 끈기

무엇보다도 수집에는 상당한 끈기가 필요하게 된다. 혹은 열의, 열심이라고 해도 좋다. 모두가 원하는 대로 모아진다고 단정지을 수

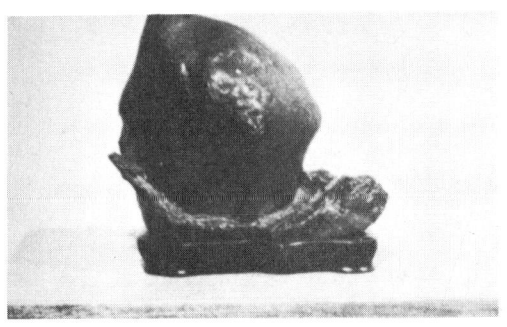

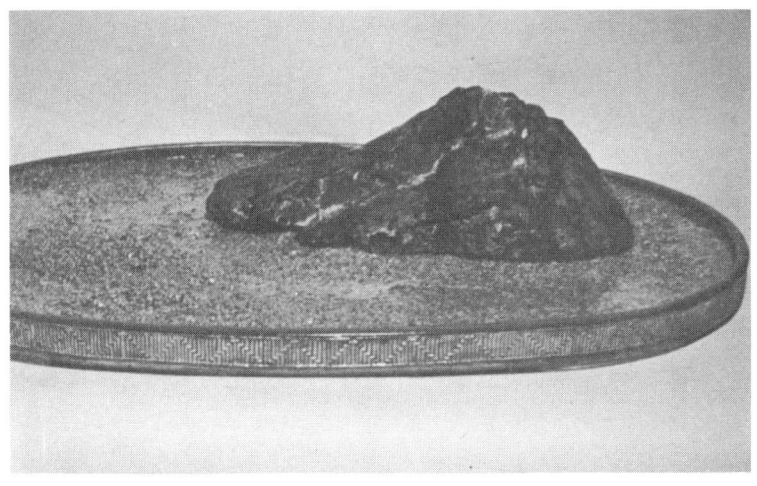

는 없다. 그것을 어떻게 해서든지 성취하려는 것은 수집가의 열의라고 할 수 있을 것이다.
　기석가들이 '원근 탐색하여 얻지 않고서는 구할 수 없다'라고 말할 정도의 열의를 가지고 있어야 한다.
　② 견식(見識)
　수집에는 어느 정도의 견식이 필요하다. 단지 열의를 가지고 끈기 좋게 모아도 애완할 만한 가치가 없는 것을 가지고 있어서는 의미가 없다. 고생하여 구입한 때는 중요한 돈을 썼기도 하였으므로 가치 있는 것을 입수해야 한다. 당연 그를 위해서는 기석다운 것을 선택하고 어떤 것이 희소 가치가 있고 또 애완할 만한 것인가 하는 등의 감식안을 길러야 할 것이다.
　② 운(運)

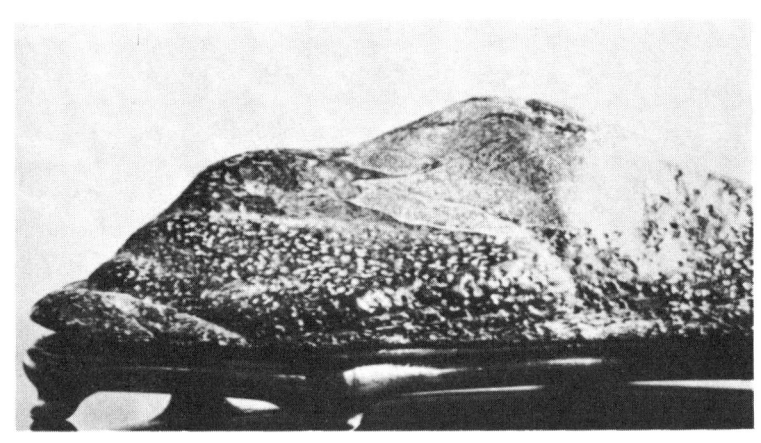

 견식을 가지고 끈기있게 모아도 운만은 어떻게 할 수가 없다. 오랫동안 찾고 있던 기석의 저장가를 겨우 찾아 내어 빌어얻으려고 먼거리를 마다하지 않고 찾았으나 애석하게도 한발이 늦어 다른 사람의 손에 들어가 버리는 쓰라린 경험을 가지고 있는 사람도 있을 것이다. 그러나 길운이 있을 때는 그것을 100% 살리는 것은 본인의 마음가짐에 달려 있다. 일설에는 '운은 초대하는 것이다'라는 말이

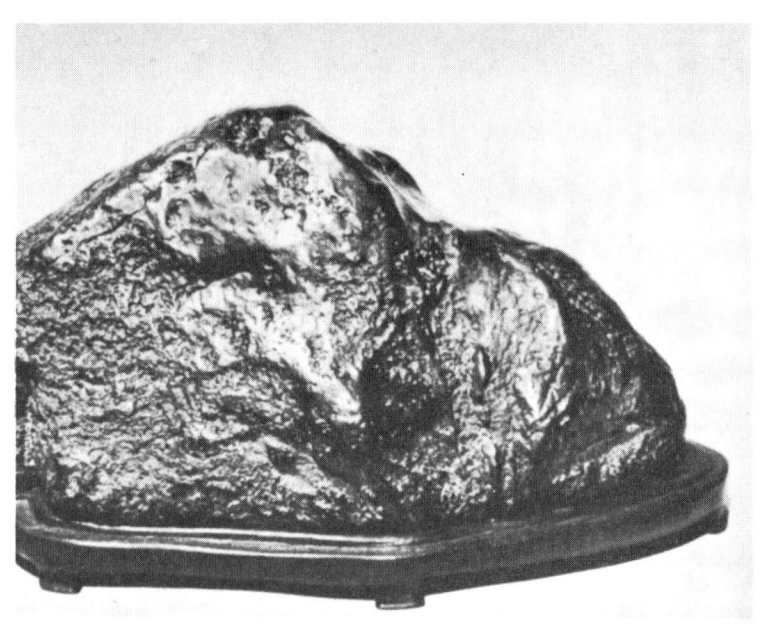

있다. 역시 단순히 운을 기다리고 있는 것만으로는 기석은 모을 수 없다고 할 수 있을 것이다.

이상과 같이 '끈기'와 '견식'과 '운'의 3 박자가 모여 비로서 기석 수집은 성과를 올릴 수가 있다. 이런 말을 하면 매우 난행, 고행과 같지만 좋아하는 것 그 자체가 즐거움이므로 다소의 곤란이 없으면 재미도 그만큼 결여된다.

마지막으로 입수와 애완법에 대해 약간 언급해 보겠다.

기석은 자연석을 소중히 여기는 것이므로 특수한 경우를 제외하고는 미석과 같이 연마하거나 조형해서는 안된다. 천석(늪이나 강에서 채석한 것)은 더러움을 털어내는 정도로 하고 그 뒤는 닦는 것 정도일 것이다. 산석(흙 속에서 파낸 것)의 경우는 점토상의 풍화된 표피를 털어내고 딱딱한 껍질을 그대로 보존하고 그 뒤는 여분의 더러움을 털어내고 잘 닦아 두면 된다. 화석을 연마하여 좋은 경우는 매우 적다. 단지 석회암이나 산호 석회암 등과 같은 것은 판상으로 절단하여 연마하면 재미있는 무늬가 되어 오히려 관상 가치가 높아진다. 또 국화석이나 매화석 등도 개중에는 갈아 내어 흥취를 낳는 것도 있다.

애완법에는 특별한 방법이 없다. 예전에는 5 중상자라고 일컬어

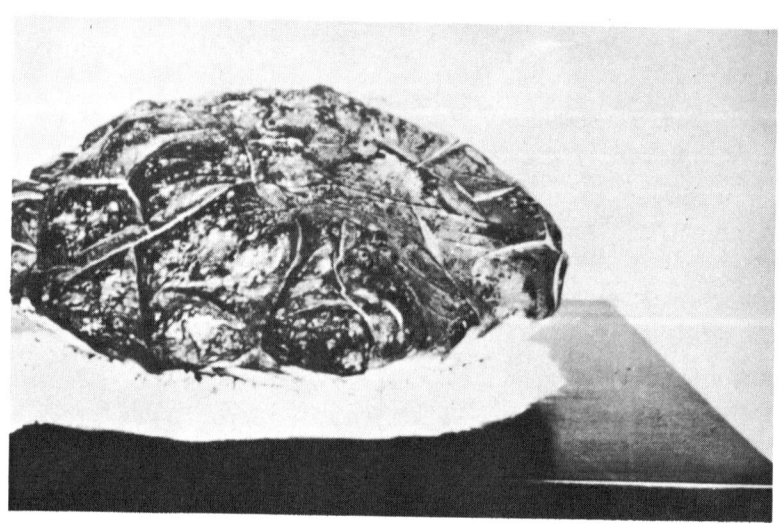

122

지는 정리 케이스에 각지의 기석을 분류해 두고 동호인이 오면 보여 주었던 것 같다.

　그것은 '종이로 만든 방형의 속이 얕은 작은 상자를 8 개 모으고

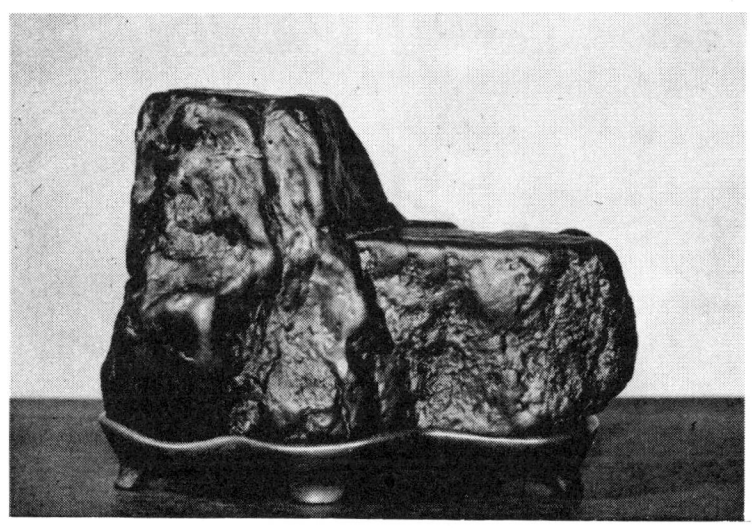

평평한 나무 상자를 5개로 겹쳐 놓은 것'으로 '종이의 방형 작은 상자에는 끝에 금테를 둘러 아름답게 장식하고 있다'라는 식인 것 같다. 당시의 애석가 사이에 이런 정리법이 유행했던 것 같다.

현재는 정리 케이스를 빼 놓을 수 없으므로 작은 것이나 참고품 정도의 것은 상처가 나지 않도록 종이나 폴리에틸렌 등으로 감싸 정성스럽게 정리 보관해 두는 것이 좋을 것이다. 다만 한개로 관상할 수 있는 것은 역시 목재의 대에 두고 보아야 할 것이다. 대의 목질이나 만드는 방법 등은 수석의 경우와 거의 다름이 없다.

또 몇개인가 대에 장식한 것을 혹은 흥취에 의해 또 혹은 산지에 의해 구분하여 가스 케이스에 넣어 두면 관상상도 편리할 것 같다.

이름 붙이는 법

이름 붙이기의 효용
이름의 여러 가지
이름을 붙일 때의 마음가짐

이름 붙이기의 효용

이름 붙이기가 갖는 의미

 애장의 돌에 이름을 붙이는 것은 자신의 사랑하는 자식에게 이름을 붙이는 것과 같은 것으로 그야말로 재미있다. 또 돌도 그에 따라 한층 가치를 발휘하게 되는 경우가 많다. 그러나 그 반면 너무 안이하게 이름을 붙이는 것도 사실이어서 개중에는 이름을 붙이지 않는 편이 좋지 않았을까 하고 생각하는 경우도 있다.

그러므로 이번 항에서는 이름이 가지는 의미를 다시 한번 생각하기로 하고 이어서 효과적인 이름 붙이기에 대해 검토해 보고 싶다.
 '이름(銘)'이라는 말을 한문 사전에서 찾으면 다음과 같은 의미를 알 수가 있다.
 '자의 : ① 나타내다(기(記)=㉠ 쓰다, ㉡ 깊이 마음에 새겨 잊지 않다). ② 금(金)이나 돌에 새긴 문.『도명』③ 문체의 하나. 묘비 등에 새겨 그 사람의 공덕을 기리는 유의 문.『묘지명』=이하 생략'

그 글자의 구성을 보더라도 '금'에 나타낸다라는 것이므로 본래는 '명'이라는 말은 깊은 감동이나 매우 중요한 것을 일심으로 쓴다 라는 의미를 가지고 있음에 틀림없다.
 그런 점에서 말하자면 수석의 이름은 함부로 붙이는 것이 아닐 것이다. 일생일석(一生一石)이라고 하는데 그 정도로 그 기쁨을 나타내기 위해 이름 붙이는 것이 이상일 것 같다.

즉 그들의 실체에 어울리는 이름을 붙여야 돌도 살고 이름도 계속 산다고 할 수 있을 것이다.

다만 애석생활의 실제에 있어서는 애석가의 마음도 세월과 함께 향상하고 변화해 가는 것이고, 어떤 시점에서 명석이라고 생각되던 것이 10년 지나면 하찮은 것같이 느껴지게 되는 경우도 있다. 또 아무리 심미안이 높아도 그에 어울리는 명석을 입수할 것이라고는 단정지을 수 없다. 바꾸어 말하자면 '참된 가치가 있는 것에 이름을 붙

이는 것이 진짜인 것이다.' 라는 이상을 마음에 새겨 두는 것이 중요하다.

이상을 가진다는 것은 바르지만 이상은 어디까지나 이상이고 그것에만 얽매이고 있으면 단적으로 말해서 이름을 붙일 만한 돌은 하나도 없게 되어 버릴지도 모른다. 그렇다고 해도 채석해 온 것을 계속해서 무턱대고 이름을 붙이는 것도 그다지 용이한 것은 아니다.

이 즈음의 호흡은 각자의 환경이나 입장에 따라 처리해 가는 수밖에 없다.

또 전술한 바와 같이 '명'에는 문장을 금이나 돌에 새겨 넣는다라는 의미도 있다. 사실 중국의 옛 시대의 애석에는 돌 표면 혹은 이면에 이름이나 시구를 써넣은 것도 볼 수 있다. 우리나라의 경우는 그런 예가 적은 것 같고 돌 바닥에 이름을 표시한 것이 약간 있

131

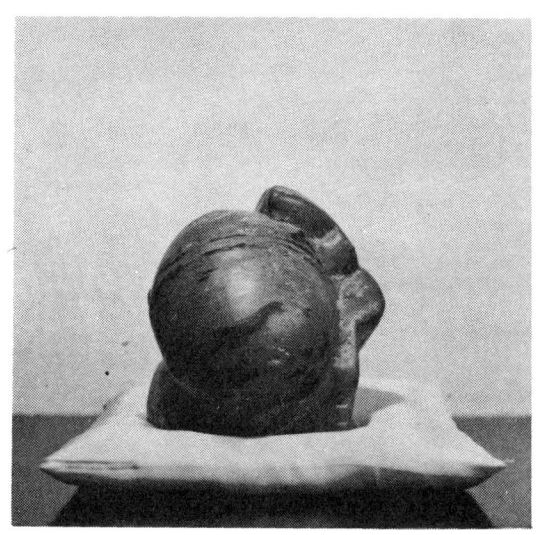

는 정도이다. 본래 현대 애석계의 기풍으로서는 그런 것은 거의 실행되고 있지 않다.

이름의 작용

한개의 수석에 그에 어울리는 이름을 붙이면 어떤 효과가 나타나는 것일까.

첫째로 그 수석의 가치가 높아진다. 그야말로 이름도 없는 돌덩어리였지만 멋진 이름에 의해 새로이 보여져 관상석으로서 가치를 지니게 되는 것도 있다. 반대로 말하자면 수석의 이름이란 그런 것이었으면 한다.

둘째로 그 수석의 경치나 정취에 폭이 넓어져 관상의 세계가 깊어져 간다. 이상하게도 이름이 붙으면 그 이름에 맞는 느낌의 수석으로 여겨지게 되는 것이다. 그러므로 그 연상의 폭이 넓어진다. 그런 의미에서는 이름은 그 수석의 관상의 매체이며 안내자라고 할 수 있을 것이다.

또 이름을 붙이고 상자에 그것을 써 두면 애석 정리에도 편리하다.

133

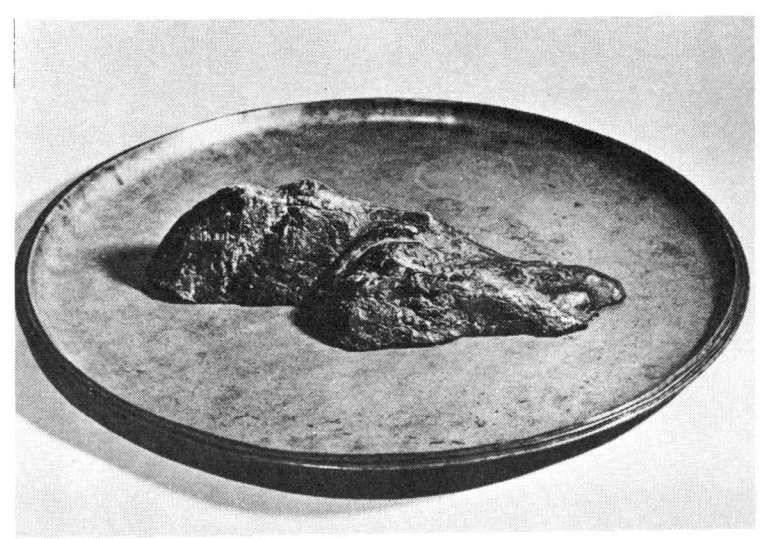

산형(山形)

꿈의 부교(浮橋)

이름의 여러 가지

이름에 있어서의 리얼과 로망

이름에는 실명을 붙인 것과 상상을 발휘하여 이름을 붙인 것, 두 가지가 있다. 유래석의 경우를 말하자면 전자는 '천간산(淺間山)' '노산석(盧山石)' '부사석(富士石)'이 있고 후자는 '말의 송산(末松山)' '꿈의 부교(夢浮橋)' 등이다. 또 상상에 의한 것이라고 해도 '말의 송산'은 말하자면 관념적이지만 '중산(重山)'은 실경에서 표현되어 있다.

이상을 알기 쉽게 분류하면 다음과 같다.

(1) 실명을 붙인 것

예 : 부사산, 비예, 금강산, 고천수, 능야삼천육백봉, 약초산, 또 서부사, 여름의 알프스 등을 말한다.

도조

출운신하

(2) 상상을 발휘하여 붙인 것
　㉠ 실경에서 이끌어 내어진 것
　예 : 운해, 대설계, 용천조 등
　㉡ 연상에서 이끌어 내어진 것
　예 : 이백관폭, 유선굴, 부사견서행, 와사석, 보귀 등.
　이 외 '무상'이나 '기도'와 같이 그 돌에서 관념적으로 받은 이미지를 이름 붙인 것도 있다.
　아무튼 수석의 이름이라는 것은 조사하면 조사할수록 생각 보다도 여러가지 이름 붙이는 법이 있음을 알게 되는데 대략 크게 나누면 리얼과 로망이라는 것이 되지 않을까. 물론 어느 쪽이 좋다라고 말할 성질의 것이 아니다. 요는 그 사람의 기호와 그 수석이 가지는 특색에 따라 선택하면 좋은 것이다.
　단순히 수석은 중국에서 도래되어 우리 풍토에 자리잡은 산수풍물시(山水風物詩)의 세계에 있으므로 그에 어울리는 이름쪽이 좋다

136

야불 (野佛)

천녀(天女)의 탕욕(湯浴)

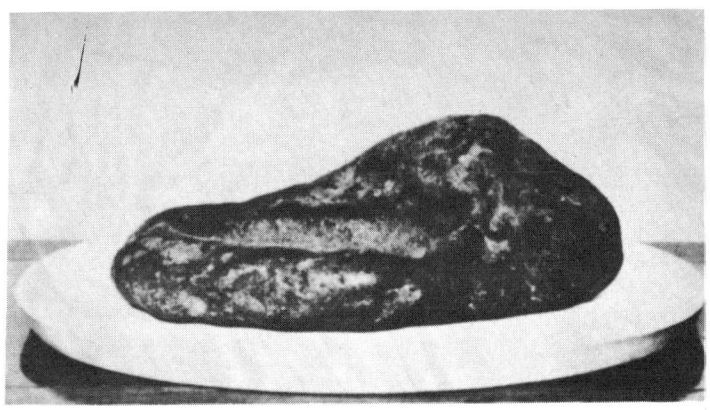

태고(太古)

만고계성(萬古溪声)

비상

고 생각된다. 예를 들면 '스피드'라거나 '럭키 세븐'이라는 이름은 그다지 감탄할 것이 못된다. 그 반대로 사전을 펼치면 알 수 있는 듯한 이름도 피하는 것이 좋을 것이다.

'청산벽수'라고 하면 누구나 이해할 수 있을 것이지만 너무 의아스럽게 '재초벽립(纔峭壁立)'이라고 하면 더욱 어려워진다. 수석의 이름은 한자의 연구를 위해 지어지는 것이 아니므로 일단 일반적으로 알 수 있는 것을 생각해야 하지 않을까. 어려운 이름을 붙이면 수석이 지게 될 것이다.

단상

이름을 붙일 때의 마음가짐

정취를 살리는 것이 기본

이름을 붙이는 일은 재미있는 것으로 즉흥적인 이름이 계속 솟아 나온다. 그러나 깊이 생각하면 상당히 어렵다. 여기에서는 기본적인 사고방식을 서술해 보겠다.

우선 말할 것도 없는 것이지만 그 수석이 가지는 특색이나 아름다운 점을 잘 이끌어 내고 있는 이름을 생각해야 하는 것이다.

이름을 붙이는 것에 의해 그 수석의 가치가 감소 되어서는 안된다.

다음에, 개략적으로 이름은 그 자체가 딱 끊어지는 것 보다도 일보 생각을 비약시켜 붙이는 편이 그 돌로 연상하는 세계가 넓어지게 된다.

이렇게 하면 소위 이 세상이 아닌 환상적인 세계가 연상되어 그 돌이 지니는 세계가 훨씬 커진다. 이와 같이 이름은 그 돌의 정취를 살리는 데에 기조가 놓여져야 한다.

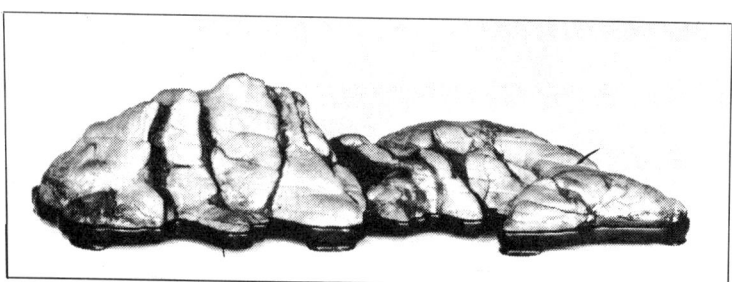

백운

천상관

제3으로 이름은 전술한 바와 같이 너무 난해해서는 안된다. 가능하면 평이하고 그리고 함축성이 풍부한 것이 바람직하다. 그야말로 낯익은 이름이면서도 돌의 경우와 딱 맞고 소박한 야취가 자연스럽게 배어 나오는 것이어야 한다.

요는 이름에 의해 함축성의 깊이와 연상의 폭을 느낄 수 있어야 하는 것이다.

단 자석(姿石)을 한 쌍으로 하여 이름을 붙여 즐기는 경우도 있다. 엄밀히 말하면 수석은 한개로 보아야 하지만 한쌍으로 하여 어울리는 것은 관상 방법의 하나로써 이렇게 즐겨도 된다고 생각한다.

명명(命銘)에 있어서의 주의

이름을 붙이는 경우 당연 주의해야 할 것이 몇가지 있다. 마지막으로 그들을 정리해 보겠다.

① 유명한 석명을 이름으로 붙여서는 안된다. 이름은 어디까지나 그 수석만의 것일 때 비로소 가치가 있다.

② 수석의 형의 일반적인 호칭 예를 들면 '원산(遠山)' 이라는 것은 이름이 되지 않는다. 이름은 그들의 개성이지 일반적인 호칭이 아니다.

③ 석명에는 '락(落)' 이라거나 '쇠(衰)' 나 '사(死)' 라는 식의 어감이 나쁜 말은 피하는 것이 상식이다.

④ 둥근 산에 '봉(峰)'(산이 뾰족한 모습)이라는 이름을 붙이는 것은 이상하다. 이름을 붙이는 경우에는 사전 정도는 조사하여 문자의 바른 의미를 확인하는 것이 좋다.

이름은 반드시 애장자가 붙여야 하는 것은 아니다. 존경하는 선배나 대가에게 의뢰하여 명명을 얻어도 하나의 기념이 될 것이다.

대좌(台座) 만드는 법과 수석 수정법

대좌 만드는 법
정의 권유

대좌 만드는 법

좋은 대좌란

대좌가 어느 무렵부터 제작되어 사용되었는가는 알려져 있지 않다.

다만 중국에서 그 조형(祖形)이 전해진 것은 분명한 것 같고 문인풍의 골동 취미가 많은 우리나라에서도 초기의 것은 대명 기호를 나타내는 것이 많고 최근에는 수석을 주로 한 산뜻하고 간소화된 것이 많아진 것 같다.

이와 같이 수석의 보조 역할을 하여 온 대좌도 대좌로써의 바람직한 것이 있음으로 그 포인트가 되는 것을 몇가지 소개해 보겠다.

㉠ 수석에 비해 가능한 단순하고 간소화된 형이 좋다.

㉡ 수석과 일체화 되어 있을 것. 일반적으로 평평한 돌에는 얇은 것, 입석이나 볼륨이 있는 돌에는 두껍고 듬직한 것.

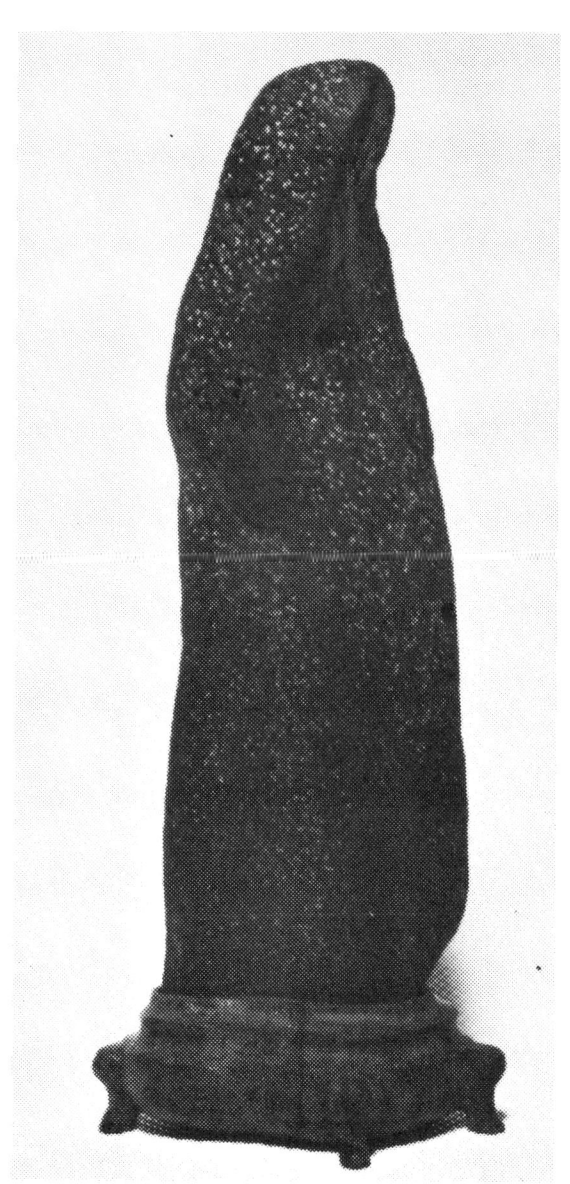

기다림

ⓒ 테가 있는 것은 직선을 피하고 약간 둥근 것을 준다.

ⓔ 다리는 솥의 다리를 원칙으로 가능한 한 작게 하여 힘을 지탱할 수 있도록 한다.

ⓜ 바닥은 반드시 잘 신경을 써서 돌이 떠버리지 않도록 주의를 기울인다.

대좌 만드는 법

다음에 이상의 지식과 함께 대좌 만드는 법에 대해 서술해 보겠다.

금방 좋은 대좌를 만들 수 있게 되는 것은 아니지만 수석이 가지는 최량의 모습을 추구해 가는 것이므로 수석의 심미안을 키우는 데는 상당한 도움이 된다.

또 좋은 대좌를 만드는 데는 석전에서 우수한 대좌를 참고로 하여 연구한다.

공구

톱, 대패, 정, 조각도, 목공용 줄, 망치.

조각도도 한개 천원 이상하는 것도 있지만 한개에 2～3백원의 것에서부터 시작하면 충분할 것이다. 다만 세트로 사면 낭비를 하게 되는 경우가 많은 것 같다.

대의 재료

대좌의 소재는 질이 딱딱하고 점성이 있고 결이 고운 것이 좋은 것이다.

구체적으로는 옛날부터 쓰여지고 있는 자단(紫檀), 종려나무가 좋음은 말할 것도 없다. 장미나무, 벗나무, 매화 나무 등도 자주 쓰인

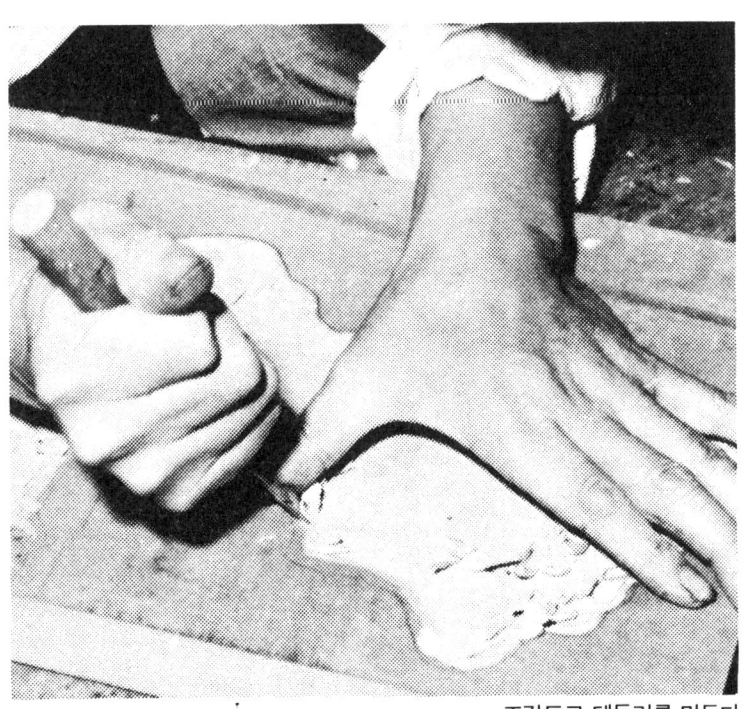

조각도로 테두리를 만든다.

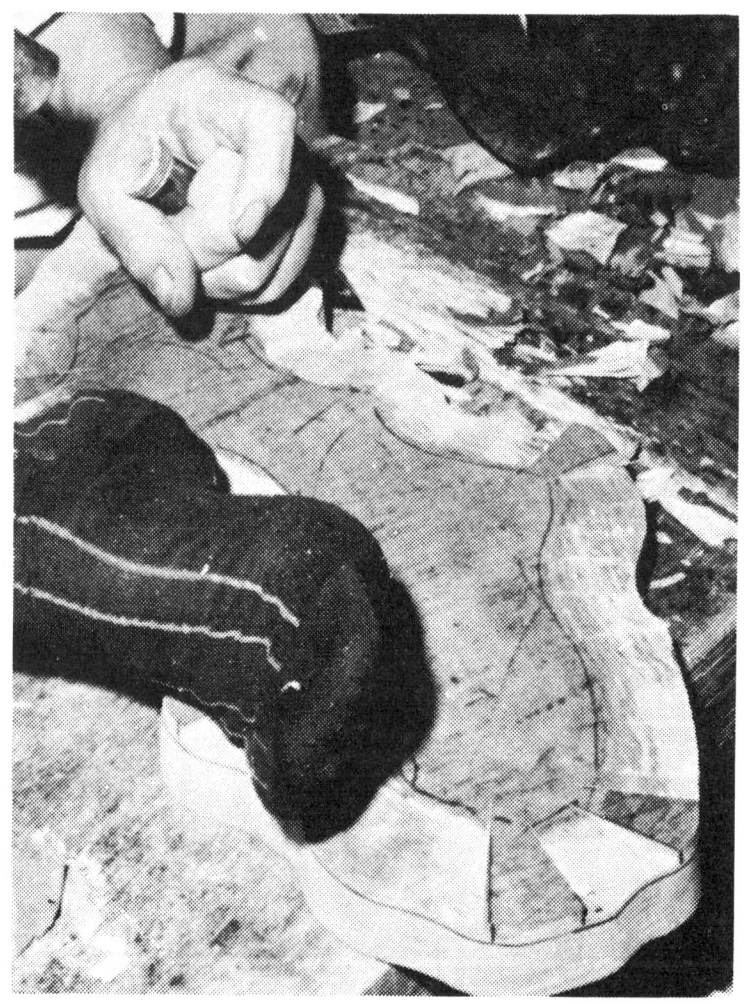

정으로 다리를 붙일곳을 쪼아 만든다.

다. 초보자에게는 나왕, 박나무, 계수나무 등이 쓰기 쉬울 것이다.
이들은 단으로 되어 있는 것을 재목상에서 구입할 수 있다. 제작에 있어서는 충분히 말린 나무, 마른 판으로 갈라짐이 없는 것을 선택할 필요가 있다.

형(型) 잡기

드디어 작업에 들어간다.

두꺼운 작업대를 준비하여 대재를 그 위에 얹고 일을 잘 할 수 있도록 한다.

수석의 정면을 정하고 대략 그 각도가 정해지면 우선 형 잡기를 실시한다. 여기에는 두가지 방법이 있다.

한가지는 돌을 대재 위에 얹고 돌의 주위를 연필이나 매직으로 선을 나타낸다.

또 한가지는 떡밥, 점토, 석고 등을 얇은 상자에 눌러넣고 그위에 얇은 비닐이나 폴리에틸렌을 깔고 기기에 돌을 얹고 소징의 선까지 누른 다음 돌을 떼고 떡밥면에 오목형을 만들어 그것을 판상에 옮겨 윤곽을 정하는 방법이 있다.

일반적으로는 전자쪽이 간편하고 특히 초보자가 하기 쉬울 것이다.

조각

형 잡기가 정해졌으면 정으로 조각해 가는 것인데 중앙부에서부터 끝쪽으로 결을 거슬리지 않도록 잘 잘라지는 것을 사용하여야한다. 어느 정도 평균적인 깊이로 조각했으면 돌 바닥에 먹을 발라 대재에 대고 닿은 곳을 또 조각해 간다.

이 작업은 단숨에 해 가는 것이 아니고 몇번이나 돌 바닥 부근을 확인하여 지나치게 조각하지 않도록 주의할 필요가 있다.

테두리 만들기

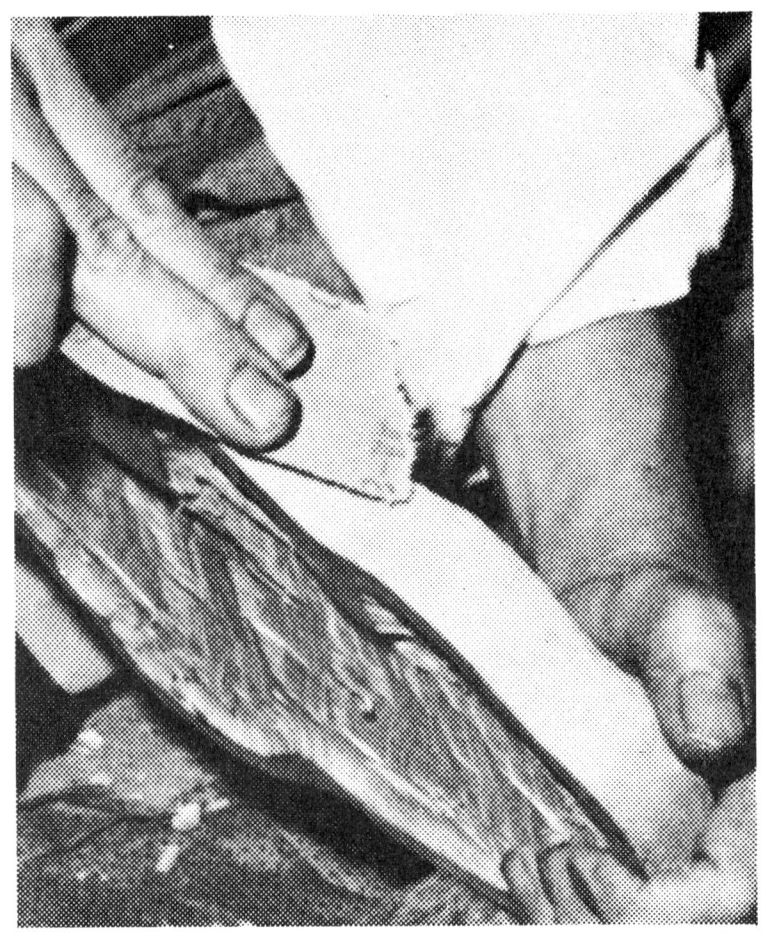

페이퍼로 마무리한다.

　주위를 잘라 내는 것은 그 수석의 형 등을 생각하여 신중하게 해 나가도록 한다. 처음에 선을 연필이나 매직으로 그려 넣고 톱으로 자른다. 이 경우 재봉틀의 톱을 사용하면 간단하게 할 수 있다. 주위의 폭과 테두리의 오목볼록함을 잡는 방법은 일괄적으로는 말할

수 없으므로 돌에 맞추어 생각하기 바란다.

동체 정하는 법

동체는 직선으로 하는 것 보다도 다소 둥글리는 느낌을 갖게 하는 편이 좋은 것 같다. 수석의 이미지상 좋은 것이다.

좌우의 여백은 적게 하여 조이는 느낌이 들도록 하고 전후는 여유를 가지게 하는 편이 안정감이 있다.

또 수석의 관상은 위에서 하는 경우가 많고 동체는 하부를 박아 넣는 느낌으로 하는 것이 좋을 것이다.

다리의 위치와 수

위치는 일반적으로 좌우·전후 돌출형으로 밸런스상 힘이 걸리도록 해야 하는데 수가 너무 많아도 곤란하고 간격이 너무나도 불안정하게 되므로 가능한 안정을 기한다.

형은 당초 무늬를 넣은 것이 있는데 단순하고 눈에 띄지 않는 것이 무난할 것이다.

바닥의 정리

돌을 놓으면 보이지 않지만 신경을 써서 마무리해 두는 것이 좋다.

정의 흔적을 지우기 위해서는 페이퍼를 사용하는 일 정도는 해주기 바란다.

안의 처리

바닥과 마찬가지로 정연한 마무리가 필요하다.

평평한 것, 다리와 다리를 연결한 선을 나타내고 있는 것 등 여

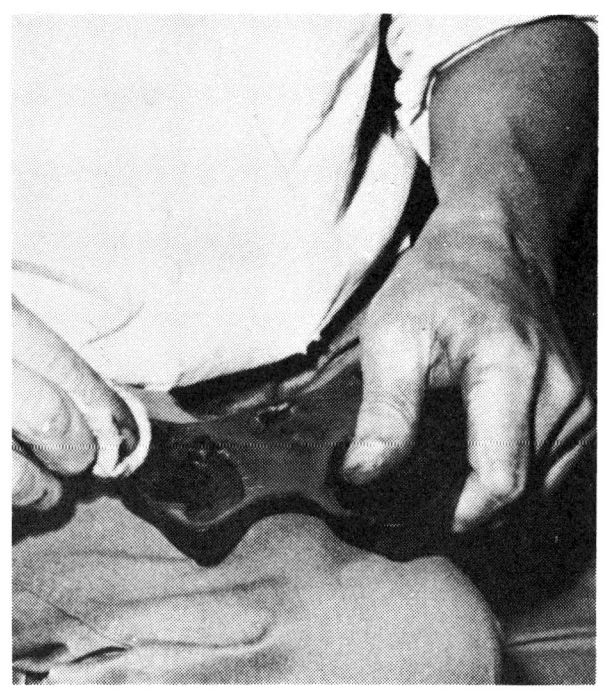

저분(砥粉)을 사용하여 밑에 바른다.

러 가지 있는데 기호와 돌에 어울리는 것을 생각하면 될 것이다.

다만 틈을 만들어 두지 않으면 건조되었을 때 틀어짐이 생겨 버린다.

마무리

목공용 줄을 거친 것, 중간 것, 가는 것을 준비하여 갈고 또 물폐

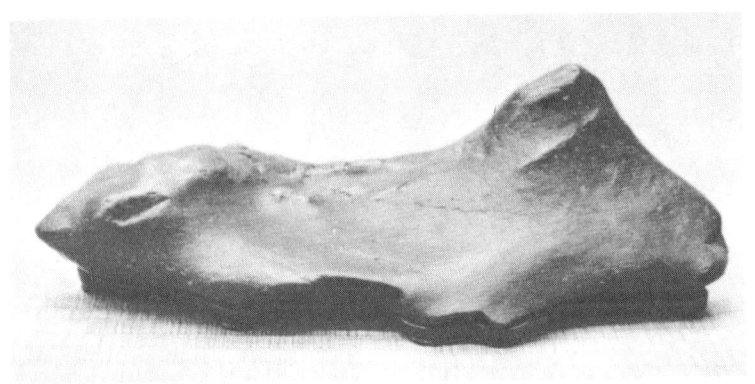

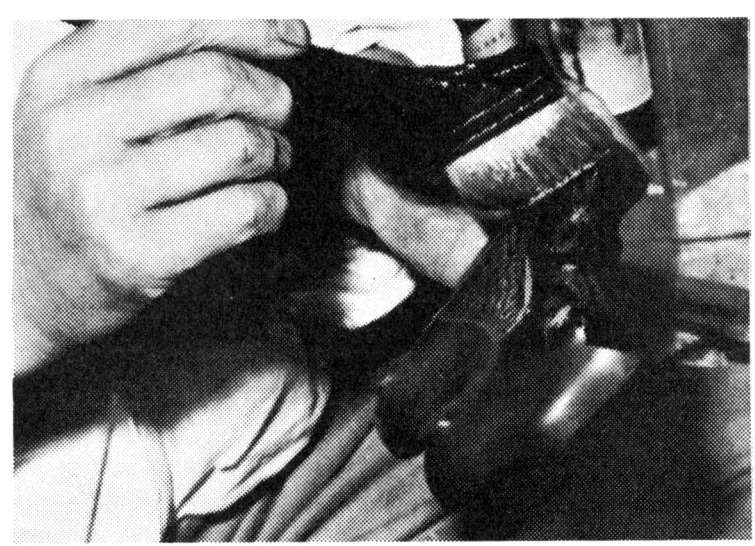

락카로 광택 내기

이퍼를 4, 5종류(100번~800번) 사용하여 마무리한다. 페이퍼를 사용할 때는 한번 사용이 끝날 때마다 물에 담구어 찌꺼기를 제거하기 바란다.

자단과 같이 목지(木地)가 좋은 페이퍼질이 끝난 다음 소량의 기름 성분이나 백랍 가루를 헝겊으로 잘 발라 주는 것만으로도 좋은 광택이 난다.

칠과 굽기

나왕재와 같이 나무의 결이 있는 것에는 숫돌가루를 칠한 다음 카슈를 뿌린다. 카슈에는 각종 색이 있어 조합을 달리 하여 마무리할 수도 있어 매우 편리하다. 아연화를 소량 섞으면 지나친 빛을 피할 수 있다.

또 차 가루를 따뜻한 물에 녹여 바르는 방법도 있다. 이것은 엷은 색을 내고 싶을 때 좋을 것 같다.

마지막으로 광택 내기인데 왁스로 닦으면 충분하다.

정(釘)의 사용법

작석(作石)에 대해

 격조있는 자연형태의 수석 관상의 범주에 비해 가공시비의 '정의 권유'란 다소 주저스럽고 저항감이 드는 것이다. 그것을 무릅쓰고 애석(愛石) 취미가(趣味家)의 저변 확대를 오늘날 추구하면, 영역외의 접근법도 물론 있겠지만 보다 많은 사람들이 돌을 사귀는 한 가지 방법으로써 작석도 재미있는 취미 분야라고 생각한다.
 수석관상의 본령을 디디고 잔가지 과정으로써 일반적인 돌 만들기를 두세가지 소개하겠다.
 공정의 개략은 채석→정 등의 형태 만들기→산(酸) 처리→마무리의 순서이다.

사고 트러블을 일으키지 않고 재미있게 관상 돌 만들기를 하는 것이 바람직하다.

석질(石質)의 이야기

우선 돌의 재질인데 아주 옛날 바다였던 지층 속에 퇴적암의 산상이 있고 그 속의 석회암류를 이용한다.

석회질응회암→ 관상석, 근부석
결정질석회암→색이 선명한 관상석
니회암(泥灰岩)→ 수석
흑색석회암→ 수석
석회암→ 수석
사암질석회암, 하암 또는 점판암을 함유하는 석회암→근부석, 관상석.

　퇴적층을 찾아 다닌 내 경험을 보면 석회층의 주변부, 다른 암층과의 접촉부, 호층이 채석 포인트라 할 수 있을 것이다.
　또 그 층 속에서 지각 변동으로 부드러워진 암석은 상호 조합되어 혼성된 성질암석이 바람직하다.
　단 이들은 압력 파괴 때문에 금이 있으므로 가공시에는 주의해야 한다. 이 금을 반대로 이용하면 큰금, 작은 금 정도로 모양이 정돈된다.
　퇴적층의 하천으로 채석하러 가면 이들 돌은 강의 유수 저항면의 재미있는 부분(석회질)이 침식된 구멍이 있고 진흙이 묻어 있는 저부는 침식되지 않은 원암상태이다. 이 상태는 채석 경험이 있는 사람이라면 잘 알 것이라고 생각하지만 어중간한 돌로써 대부분 간과

되고 있다. 앞으로는 대부분이 채석 대상이 된다.

또 흰 석회암뿐으로 침식 마멸되어 하천에서 많이 볼 수 있는데 색채적으로 유치하여 안타깝게도 버려지고 있었다. 이 흰 돌도 모양이 정돈되어 있다면 채석하여 산화철을 잘 바르면 수려한 관상석이 되므로 양석하기 바란다.

이질의 석영암도 같은 말을 할 수 있다.

흑색석회암. 석회암 부류이다.

애석계의 표지를 장식하는 동질의 암석인데 살결이 좋은 암층의 발굴은 수가 적다. 그러나 비취나 마노를 찾는 것 보다는 쉽다.

국립공원 안에 잠자고 있는 미녀처럼 이 층이 있다. 그러나 여기는 단단히 닫혀 있고 채석이 금지되어 있다. 단 그녀는 분이 지나치다고 할까, 새하얗게 바르고 있는 것이고 아무튼 두꺼운 화장은 무서운 것이다.

정(釘) 이야기

다음은 공정으로 넘어가겠다.

애써 실력을 발휘하여 마무리한 돌이라도 정의 흔적이 있으면 안타깝게도 평가가 떨어진다.

석회암 부분 이외의 석면을 가공하는 경우는 끌의 사용을 최소한으로 줄이도록 명심하여 가공한다.

산으로 용해하는 석회면 이외의 부분에 큰 끌 흔적이 있으면 그라인더로 연마하기 바란다. 손으로 갈아도 그다지 힘들지는 않다.

가공상 의외의 난점은 정의 돌 가르기이다.

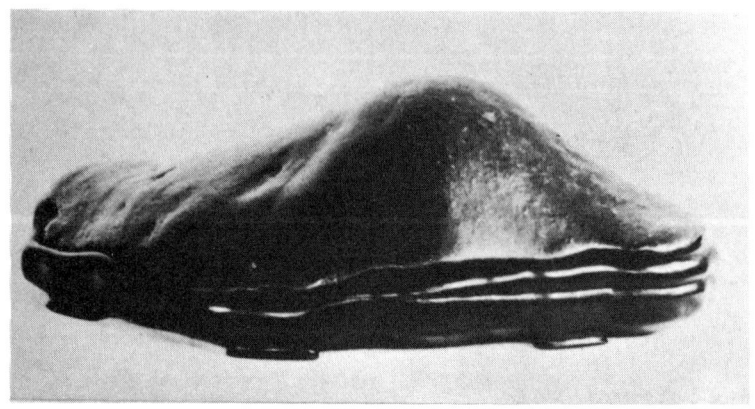

옛부터 '대패는 사용해도 돌 정은 곤란하다'라는 속담이 있는데 목수의 흉내는 낼 수 있어도 석공의 흉내는 낼 수 없다는 뜻이다.

돌에 정을 대고 망치를 연타해도 돌은 딱딱하여 정 끝이 끊어질 뿐이다.

당신의 그 아내와 같이 깐깐하여 돌을 함부로 때리면 돌은 기분이 상해 버리고 만다.

돌 정의 사용법 기본은 돌에 정을 쳤으면 정 끝을 그 방향으로 보내는 기분으로 흘린다. 힘을 직접 돌에 받게 하지 않고 피하도록 하는 것이다.

체육시간에 강하게 발을 구른다. 이 때 그 힘을 완충시키지 않으면 발의 뼈가 부러질 위험이 있다. 충격 완하의 여유. 이 요령을 빨리 잡기 바란다.

작업에는 보호용 마스크, 안경을 사용하는 것이 상식이다.

　익숙치 않은 초기에는 정을 때리는 손에 반드시 장갑을 끼고, 자주 있는 일이지만 손을 망치로 치지 않도록 주의한다.
　욕심 내지 말고 무리하지 말고 조금씩 깎는 것이다. 끈기와 숙련. 이들을 명심하고 테크닉을 마스터하면 단단한 돌이라도 깰 수 있다.
　돌 정은 경도가 강한 날이 붙은 것이 좋다. 또 석재조각기(1마력 이상의 컴프래서가 필요), 그라인더(지석은 지입 GC, 입도100～200, 결합도H), 석절전기 컷터 등의 병용은 작업을 용이하게 하고 세공도 가능하다.
　그러나 이들은 상당한 투자가 된다. 아마츄어이므로 처음부터 무리하지 말고 근무처의 컴프래서를 휴일에 빌리든가 각각 임기로 생각하기 바란다.
　중요한 것은 이들 기능적인 기계 작업에는 고무제 방지 마스크의 사용을 꼭 한다는 것이다. 이들을 지키지 않으면 재미있는 돌 만들기를 할 수 없다. 그것은 당신의 건강을 위해서이다.

모양의 이야기

다음으로 작석상(作石上)의 형인데 돌 본래의 자질이 있으므로 그 석질의 점결성(끈기) 등을 고려하여 부적합 부분을 자르고(크게 나누기·작게 나누기) 단단한 돌 덩어리를 보고 그때 그때 산형·바위형의 판단을 하는 것이 좋을 것이라고 생각한다.

행운이 있어서 석회 부분의 폭을 많이 가지는 석질이라면 가능성이 있으므로 당신의 실력을 발휘할 때이다.

다음으로 염산 처리에 의한 돌의 용해 작업이다.

우선 염산은 독극물로 지정되어 그 취급은 완전한 관리, 안전한 작업이 기도된다. 다른 산도 있지만 취급하지 않는 편이 현명할 것이다.

164

　작업복은 넝마면 되고 한여름이라도 긴소매를 착용하고 산을 다룸으로 장갑을 사용하고 반드시 옥외 작업을 하고 또 직사광선을 피하여 폴리수지제의 양동이 등 중고라도 새지 않는 용기를 사용하여 돌을 용해하기 바란다.
　액은 돌이 잠길 정도가 바람직하다. 용해 때 노랗게 거품이 일어나는데 발생하는 기화 가스는 피하기 바란다. 언제나 반드시 뚜껑

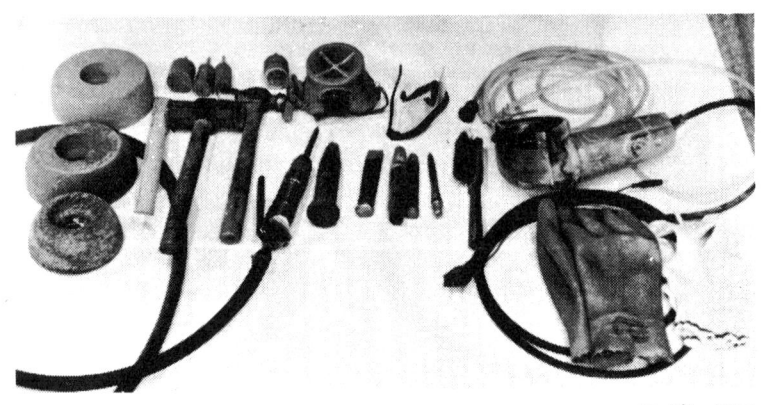

돌 깎는 용구

을 덮고 다른 사람들이 가까이 하지 않도록 충분한 주의를 한다.

용해는 약 1일 이상이 걸리므로 적당히 꺼내기 바란다. 용해 후의 돌은 잘 씻는다. 그 후 통에 물을 넣고 산 빼기(중화)를 2, 3일 하면 좋을 것이다.

이질의 돌 표면을 산으로부터 보호하는 경우에는 파라핀(초)을 열로 녹여 붓으로 바르면 그 부분은 산에 용해가 되지 않는다. 초를 제거할 때는 뜨거운 물을 부으면 원래 대로 된다.

돌의 색 이야기

다음으로 돌의 색이다.

대야 등의 용기에 물 1 입방에 산화제 2 철, 소금을 큰 수저 하나씩의 비율로 녹이고 고철, 녹을 넣어 녹물을 만든다.

돌을 그 용기에 넣고 녹물을 뿌렸다 말리고, 뿌렸다가는 말리고 하는 것을 조석으로 반복하여 좋은 돌을 만들기 바란다. 재미있다.

돌의 흡수 상태에 따라 다르지만 1개월 정도면 점차로 녹이 부착된다. 이 경우 많은 녹물에 돌을 담구는 방법은 좋지 않다.

돌 표면의 녹물이 대기(공기)에 닿지 않으면 녹은 붙지 않는다. 이 자연법칙은 여러가지 돌에 이용할 수 있다.

그 외 돌에 색을 들이는 방법에는 찻물(茶色) 바르기, 진흙에 담구기가 있다.

시판되고 있는 왁스류에는 반드시 유지, 파라핀이 혼합되어 있으므로 돌 표면에 윤은 나지만 분무 후의 물 튀김은 피할 수 없다.

여러 선생들이 피할 듯한 말을 썼으나 돌 애호인을 늘리기 위함이지 타의는 없다.

돌 애호인들이 암석에 더 강해지기 바란다. 선생도 여기에는 약하다.

우선 돌을 깨 그 돌이 생겨난 상황을 간단히 조사하여 알기 바란다.

산화제 2 철 속에 녹철을 넣고 돌을 담군다. 담구었다가는 반드시 말리도록 한다.

미석(美石)·귀석(貴石) 즐기는 법

그라인더의 사용법
손 연마법
바렐 연마기
연마하는 방법

그라인더의 사용법

아름다운 돌깎기

'록숍에서 처음 돌을 보았는데 돌이라는 것은 연마하면 아름다워지는군요. 그런데 초보자도 연마할 수 있나요?'라는 질문을 최근에 자주 받게 되었다.

나는 그때 반드시 돌을 연마하는 데는 초보자도 숙련자도 없습니다. 누구나가 할 수 있습니다 라고 대답하곤 했다.

'어떤 돌이나 연마하면 아름다워지나요? 여행을 갔다가 돌아오

는 길에 붉은 돌이 있어서 사왔는데 깎고 싶습니다. 어떨까요?'라고 계속해서 묻는다.

처음인 분께는 그런 돌을 깎는 것은 무리입니다. 또 마찬가지로 수고를 들일 바에는 일단 이름이 있는 상품에 한한다. (구체적으로는 후에 기록하겠다).

사문계(蛇紋系)의 부드러운 돌. 경도가 3~4 정도인 부드러운 돌이 좋은 것이다. 그들 원석은 1kg에 1,400원 정도로 돌가게에서 살 수 있다. 물을 뿌려 좋아하는 색을 선택하는 것이 좋을 것이다.

그라인더의 종류

다음으로 이야기를 그라인더 사용법에 대해 진행시켜 나가겠다.

내가 사용하고 있는 기종은 고속 전기의 것으로 휴대용의 것을 사용하고 있는데 초보자도 사용하기 쉽다고 생각한다.

지석(砥石)은 하이덱스 GC의 지석으로 이것은 공구점에서 구할 수 있는데 반드시 GC 기호가 있는 것을 구입하기 바란다. GC가 없는 것은 석재용이 아니므로 불똥이 튀길 뿐 깎아지지 않으므로 주의를.

가격은 부품에 따라 다르지만 7만원 정도이다. 지석은 1개에 약 3kg은 초보자라도 연마할 수 있다.

그라인더를 사용하면

그라인더를 사용하면 지석에 의한 손으로 하는 연마에 비해 맛이 없다는 결점도 부정할 수 없지만 시간을 대폭으로 단축할 수가 있다.

경도 3～4 의 돌이라면 3 시간 정도로 완성할 수가 있다.

그라인더는 대략 초속 1만회로 회전하므로 사용할 때는 반드시 장갑을 껴 상처를 입지 않도록 깊이 주의할 필요가 있다.

구체적으로 말할 만한 요령이랄 것은 없다. 상처를 입지 말라는 것을 몸으로 익히기 바란다.

또 거칠게 연마하면서 돌의 모양을 만들어 낼 수도 있으므로 이야기하도록 하겠다.

우선 원석을 보고 돌의 모양을 어떻게 할 것인지를 정한다.

다음에 매직으로 절단할 부분을 그리고 그라인더로 도려 내듯이 깎아낸다.

이 동안 돌의 크기는 2분의 1에서 3분의 1 정도가 된다.
또 지석을 바꾸면 고임이 되는 것도 있다.
그리고 돌을 깎은 뒤에 매좌를 만들 때에도 사용한다.
그만 이야기가 너무 앞으로 나갔는데 그라인더의 일은 거친 연마와 형 만들기까지이다.
거친 연마가 끝난 뒤 나는 헝겊으로 그라인더의 눈을 제거하고 있는데 물페이퍼로 해도 좋다.
물페이퍼라고 하면 우선 180번으로 그라인더를 털고 200번으로 180번을 터는 요령으로 이하 300, 400, 600, 700번까지 가면 좋을 것이다.
이 경우 200번까지의 작업을 정성스럽게 해 두지 않으면 끝난 뒤 그라인더 자국이 남게 된다. 너무 서두르지 말고 연마한 뒤가 남지 않도록 주의하기 바란다.

마지막 마무리는 광내기이다.

왁스나 흰 구두 크림(어느 메이커나 상관없다)을 바르면 완성이다. 물페이퍼가 잘 말라 있으면 그 만큼 완성되었을 때 광택이 생김은 말할 것도 없다.

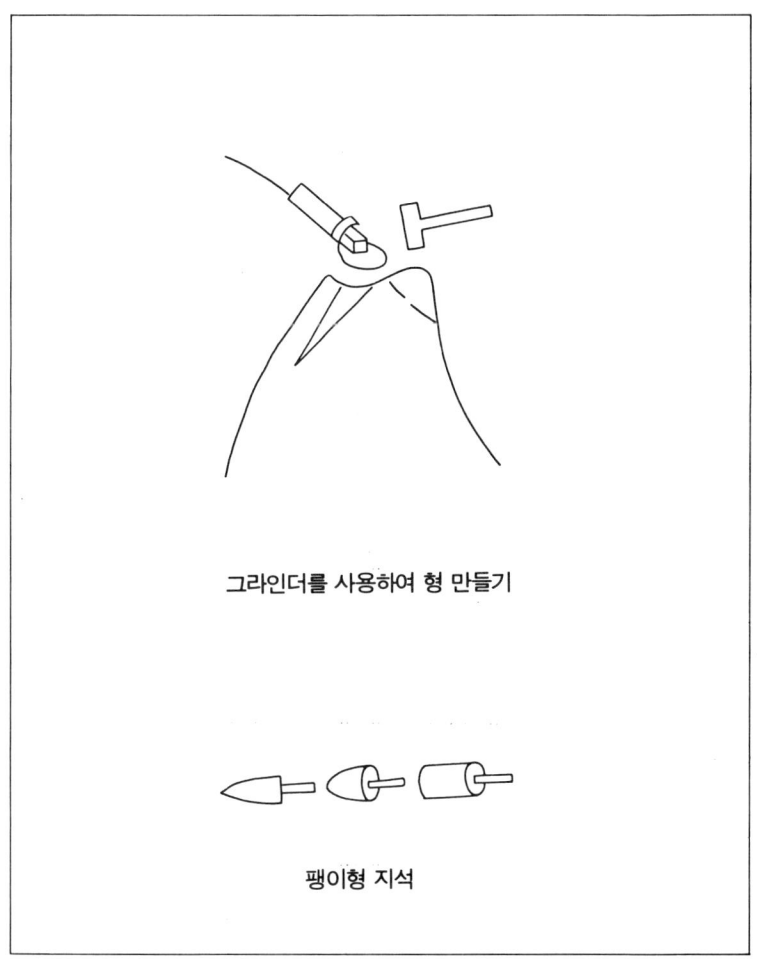

그라인더를 사용하여 형 만들기

팽이형 지석

손연마법

미석(美石)을 연마한다

한마디로 미석이라고 해도 종류가 많고 내가 취급하고 있는 것은 적옥석(赤玉石)이 태반이므로 적옥석에 대해 말해 보겠다.

적옥석에 한하지 않고 미석을 원석인 채 보는 것은 적다. 적옥의 경우도 즐기는 데는 연마할 필요가 생긴다.

연마에는 그라인더 등을 사용하는 기계 연마와 지석을 사용하는 손연마가 있다.

장사를 하기에는 전자쪽이 능률적이지만 돌을 연마하는 것도 즐거운 일이므로 취미가들에게는 후자를 권하고 싶다.

적옥석의 경도는 6도 반

손연마를 하는 경우 지석으로 연마해 가는 경우와 페이퍼로 마무리 하는 경우가 있는데 경도가 6도 이상이 되는 것은 역시 지석으로 연마하지 않으면 능률이 오르지 않는다.

원석은 대부분 여러가지 것이 부착되어 있다. 대개는 물로 씻어 떨어뜨릴 수 있을 것이다. 단 적옥은 석영이므로 규산분이 많고 산으로는 의미를 나타내지 않는다. 물로 씻어 떨어지지 않는 것은 깎아내도록 한다.

모양 만들기

미석의 정형이라는 것은 지금 당장은 없다. 원석이 모양이 되어 출토되는 것이 아니므로 자유로이 만든다. 나는 수석의 모양을 기본으로 하여 마무리 하려 하고 있다. 단지 원산으로 했을 때 행위가 보이지 않도록 주의할 필요가 있을 것이다.

도구는 정과 망치로 충분하다.

정은 건축용이면 날 끝이 곧 굽거나 돌을 가르거나 하므로 석공구점에서 팔고 있는 것을 사용하기 바란다. 작은 것은 5,000원 정도이다. 5~6 종류를 구하면 일단 모양은 만들 수 있다.

거친 연마

형이 만들어졌으면 지석을 사용하여 드디어 연마로 들어간다.

지석은 일반의 것과 달리 특수 가공되고 강화된 것으로 공구점에 있다.

번호로 종류가 분류되고 60~2000번까지 약 15종류가 있는데 취미로 하는 것이라면 5~6 종류를 모으면 될 것이다.

처음 그라인더를 거는 것이라면 100번에서부터이고 지석으로 처음부터 완성하는 데는 60번이라는 것을 일단의 기준으로 보면 될 것이다.

지석의 사용법인데 지석을 사용하여 연마하고 작아지면 접착하여 사용해도 좋을 것이다.

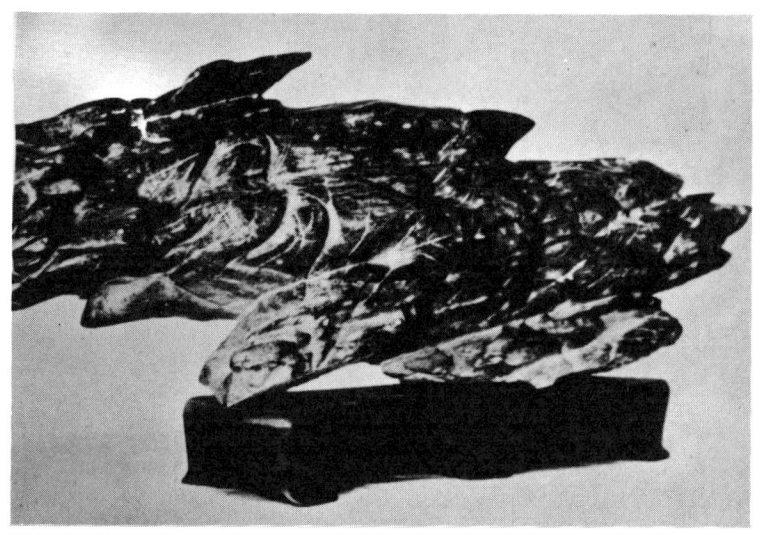

　100번으로 당긴 맥은 200번으로 떨어뜨린다는 요령으로 600번 정도까지 일을 하여 연마에 남김이 없도록 주의하기 바란다. 같은 부분을 70~80회는 연마하고 어느 부분이나 같아지도록 한다.
　연마작업 중에는 물을 뿌리고 넓은 스페이스를 차지할 수 없는 곳에서는 대야에 겅그레를 깔아도 된다.
　여가로 즐기는 것이므로 시간이 부정기적이 되기 쉬우므로 100번을 사용했으면 100번으로 돌 전면을 갈기 바란다.
　끈기있게 무리없이 일을 마무리 하는 것이 요령으로 살이 약한사람은 손가락 보호기구를 쓰는 것이 좋을 것이다. 특히 엄지 손가락은 피로해지기 쉽다.
　지석으로 마무리 하는 것만으로는 아무래도 광택이 잘 나지 않으므로 산화 크롬이나 셀리움의 분말을 물에 녹여 가죽으로 덮는다.
　기름을 바르는 사람도 있으나 개개가 좋은 것을 선택하면 좋을 것이다.

바렐 연마기

흐리멍텅한 나

나는 어렸을 때부터 게을렀다. '손으로 연마하는 노고를 기계에 맡기고 에어콘을 쏘이고 싶다'라고 생각했던 것이다. 그러므로 이 길에서는 선배인 아메리카의 노르톤사의 데이터를 보면서 여러가지 해 보았다.

미석용 연마기

기계는 무엇이 좋은가.

바렐 연마의 기계에는 세가지가 있다. 회전식, 진동식, 원심식이다.

진동식은 바레이션으로 연마한다. 이것은 보석이라면 모르지만 미석이 되면 무거워 바닥쪽으로 가라앉은 채 움직이지 않는다. 고작해

50ℓ 회전식 연마기

야 거칠게 연마하는 용이다. 소리도 크기 때문에 질린다.

원심식은 굉장한 스피드로 돌아가는데 마무리가 좋다.

옛날부터 있는 회전식은 시간이 오래 걸리는 결점이 있지만 소리도 없고 마무리도 괜찮다. 게다가 값도 싸기 때문에 이것으로 했다.

기계의 조작

회전식은 육각형이나 팔각형 알루미늄 바스켓이 회전한다. 그 안쪽에는 고무 라이닝이 있다.

바렐 연마는 옛날 '빈것 연마하기'라고 하여 덜컹덜컹 소리가 난다. 지금은 고무 라이닝 덕택으로 조용하다.

회전수는 대개 정해져 있다. 너무 빠르면 돌이 갈라져 버린다. 느리면 연마하는 힘이 없다.

딱 알맞은 회전이라는 것은 바스켓의 직경으로 계산하는데 4 l 에서 1분간 50회, 8 l 에서 40회, 50l 에서 30회라는 정도이다.

말이 늦었지만 바렐에서는 바스켓의 용량으로 그 기계의 크기를 나타내고 있다.

연마하는 방법

연마하는 시간

시간은 원석의 두께, 크기, 연마재의 종류, 바스켓의 크기, 그리고 어느 정도로 마무리하는 것이 좋을지 등에 따라 달라진다. 대략적으로,
거칠게 연마하기:1일
마무리 : 반나절
광내기 : 1일 반~2일
이라고 할 수 있을 것이다.
회전을 건지 12시간까지는 연마가 진행되지만 다음 12~16시간이 되면 떨어진다. 16시간을 넘으면 생각만큼 연마되지 않는다.
시간은 길어지면 길어질수록 좋은 것이 아니다. 특별히 해가 되는 것은 아니지만 반나절 단위로 하는 편이 좋을 것이다.

연마재에는 무엇이 좋은가

이렇다 저렇다 해도 사실은 이 '연마재 선택법'으로 모든 것은 결정되고 있다. 이것이 좋으면 바렐 연마의 80점은 따게 된다.
그렇게 어려운 것은 종류가 많기 때문이다. 말해 보면 '돌의 모양을 바꾸는 것'에 지니지 않는다. 이런 것에 종류는 300가지나 될까.
그러므로 여러가지를 취해 보아 다음과 같은 것을 알 수 있었다.
1. 연마재는 거칠게 연마하기에 삼각형, 마무리에는 구형.
광 내기에는 연마하는 힘이 없는 딱딱한 구형. 잘라지지 않는 것이 좋다고 해도 스틸 볼(청 구슬)은 안된다.

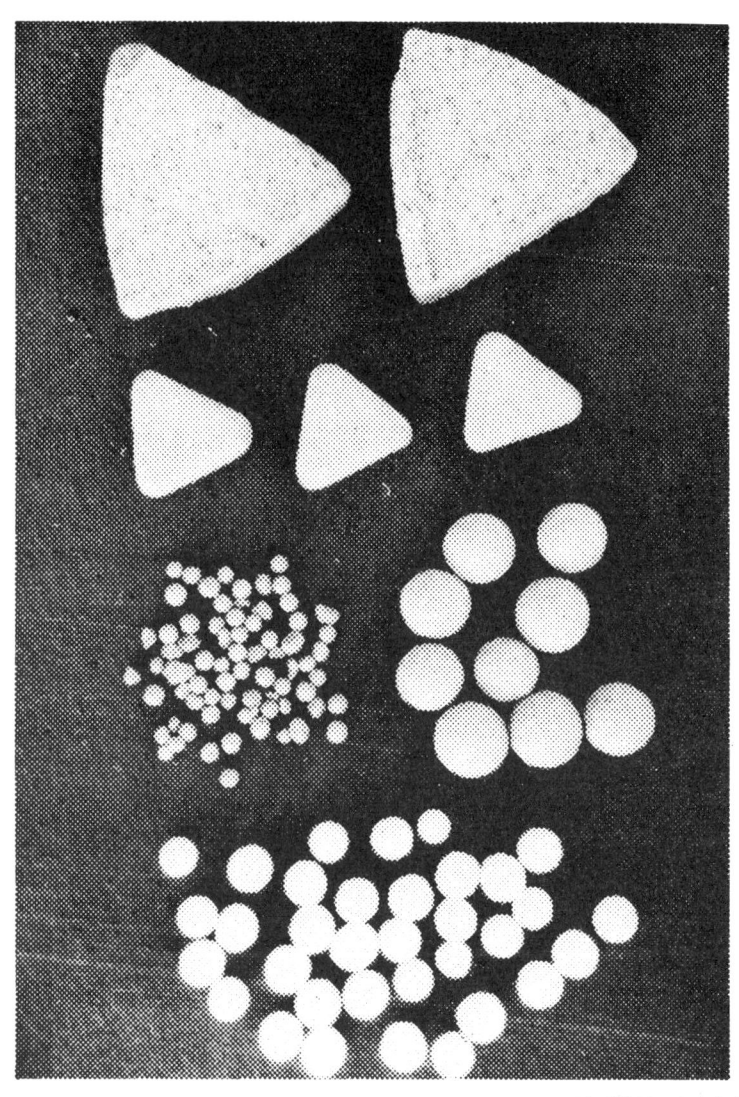

연마재의 여러가지

2. 크기는 클수록 힘이 강하고 작을수록 힘이 약하다.
3. 연마재만으로는 시간이 너무 많이 걸리므로 첨가재를 가한다.

첨가재란 무엇인가

여기에서 다짐해 두기 위해 '바렐'이라는 말을 사전에서 찾아 보았다. '통'이라고 되어 있다. 통—그렇다. 바스켓에 주물 부품을 넣은 것이 그 시작이다.

그러므로 상황에 맞추어 이것을 빌려 미석 연마에 사용해 보았다. 방법은 금속과 비슷한데 크게 다른 것은 이 '첨가재'인 것이다.

첨가재라는 것은 말하자면 돌의 원료가 되는 '지립'을 가리키고 있다. 이것도 연마재이지만 자주 쓰이고 있는 것은,

1. 거친 연마에 그린 카 보랜덤(GC) #120~320번. 너무 거칠면 (#16~100번) 떨어져 버려 좋지 않다.
2. 마무리에는 화이트 어랜덤(WA) #600~1,000번.
3. 광택 내기에는 '산화 크롬'. 부드러운 돌에는 '산화 세리움'이나 '산화 질코니움'.
4. 산화철은 싸지만 지저분하다.

또 1회의 첨가량은 8ℓ로 GC, WA 모두 80~160g. 산화 크롬은 15~30g.

물의 양

바스켓에 돌과 연마재를 넣고 거기에 첨가재를 가하여 물을 붓는다. 연마재 표면 가까이까지로 된다.

컴파운드란

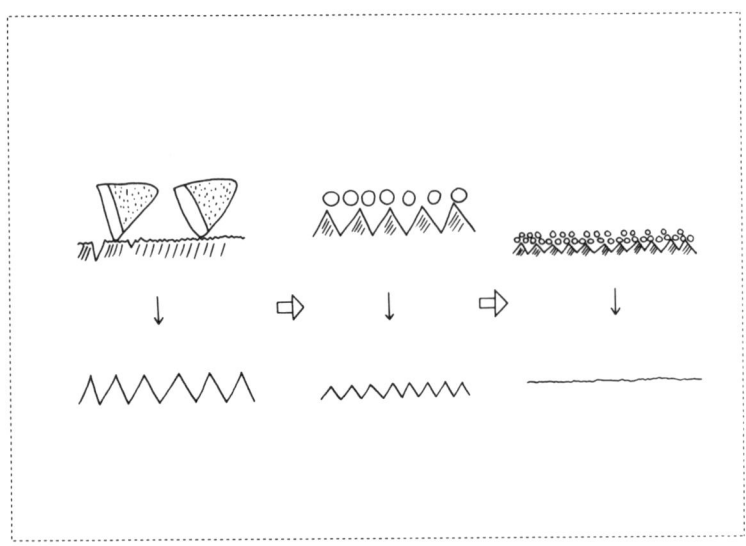

연마재의 성질과 돌 마무리면

알칼리성 약품으로 연마를 돕는다. 이것을 가하면 연마재의 매끄러움이 좋아지고 눈이 막히는 것을 막아준다.
다음과 같이 맞추기 바란다.
1. 거친 마무리에 모두 세탁기용 세제. 양은 20~30g.
2. 광택 내기에는 화장 비누를 나이프로 자른 것. 조금 많이.

돌과 연마재의 비율은

하나의 돌을 연마재로 감싼 상태로 돌린다. 그 비율은 용량으로,
거친 연마 돌 1개 … 연마재 3~4 배
마무리 돌 1개 … 연마재 4~5 배
연마재가 적으면 상처가 나게 되고 갈라지게 된다.
많은 것은 상관없다.

채우는 양은

그런데 돌과 연마재를 바스켓에 어느 정도 넣는 것이 좋을까. 보통은 바스켓의 반이다. 적으면 돌이 깨지기도 하고 고무가 떨어지기도 한다. 많으면 연마가 진행되지 않는다.

작은 돌일 때는 연마재가 아무튼 바스켓의 반이 되어야 한다.

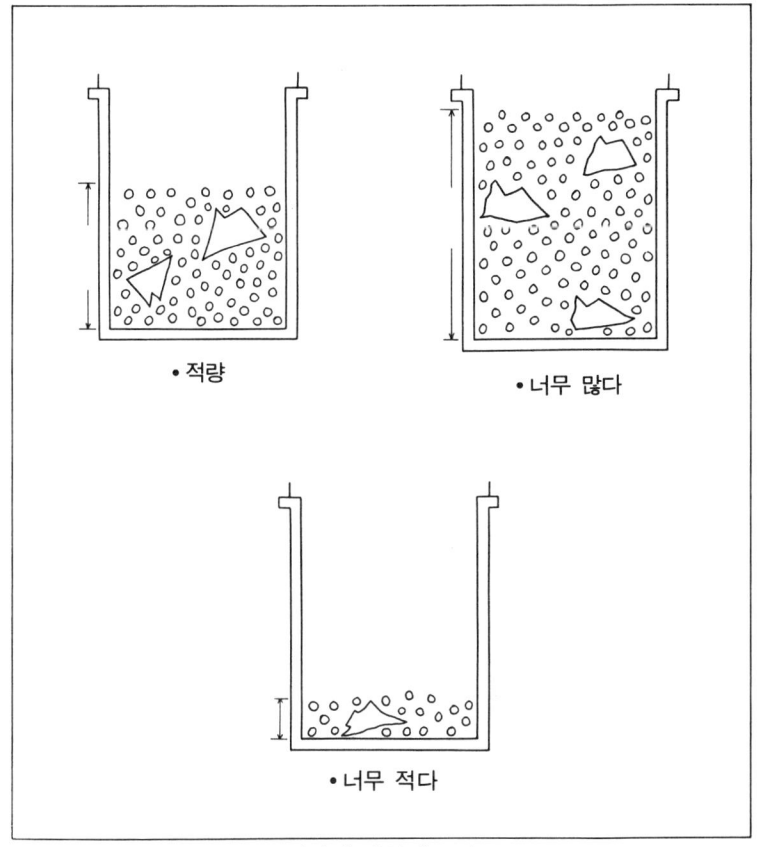

바렐에 채워넣는 양

몇가지의 예

지금까지 이야기한 것은 보통 일반적인 본보기였다. 실제로는 여러가지 경우가 생기므로 확실하게 알아본 다음 실시한다.

진흙 털기

진흙이라고 해도 원석에 붙어 있는 석회나 녹을 말하는 것이다. 그러므로 뭐가 어떻든간에 원석인 채 우선 바렐에 건다. 이때는 GC와 돌, 오래된 것이 있으면 3 cm 정도 크기로 잘라 넣어 준다. 4～8 시간 정도 걸면 깨끗해진다. 미석의 형으로써 필요 없는 곳을 확실히 알게 된다. 그리고 평평한 강철끌, 축과 돌, 그라인더 등으로 제거한다. 여기에서 비로소 본식인 바렐 연마로 들어간다.

가늘고 긴 돌

갈라지기 쉬우므로 우선 가늘고 긴 포리빈이나 범포로 자루를 만

는다. 돌과 연마재를 넣고 바벨로 돌린다. 이중회전법이라고 할 수 있을까.

국화석
국화석은 흰꽃 부분이 오목하고 국수석은 반대로 꽃 부분이 부풀어 있다.

마노의 얇은 판
바스켓 바닥에 연마재를 두고 마노를 얹는다. 또 연마재를 가하고 마노를 둔다 라는 식이다.
바꾸어 말하지면 마노와 연마재의 층을 만들어 가는 것이다. 채워 넣는 양은 반이 아니고 70~80%.

턴파크석이나 터어키석
부드러운 돌이므로 거친 연마를 어림잡아 한다. 산화 크롬은 사용하지 않는다.

흑연석
불투명 유리와 같이 좀처럼 광택이 나지 않는다.
거친 연마를 멈추고 마무리에서부터 들어가는 것이 좋을 것이다.

바렐 연마의 즐거움

기계로 자동적으로 연마해 버리면 아무런 즐거움도 없을 것이다 라고 말하는 사람이 있다. 아니 그렇지 않다.

아침에 스위치를 넣고 직장에 일하러 나간다. 저녁에는 연마가 되어 나를 기다리고 있을 것이다 라는 생각으로 들뜬다.

서둘러 집으로 돌아간다. 바스켓의 뚜껑을 연 때 생각대로 연마되어 있으면 기뻐 어쩔 줄 모르게 된다.

자신도 모르게 돌의 머리를 쓸어 준다.

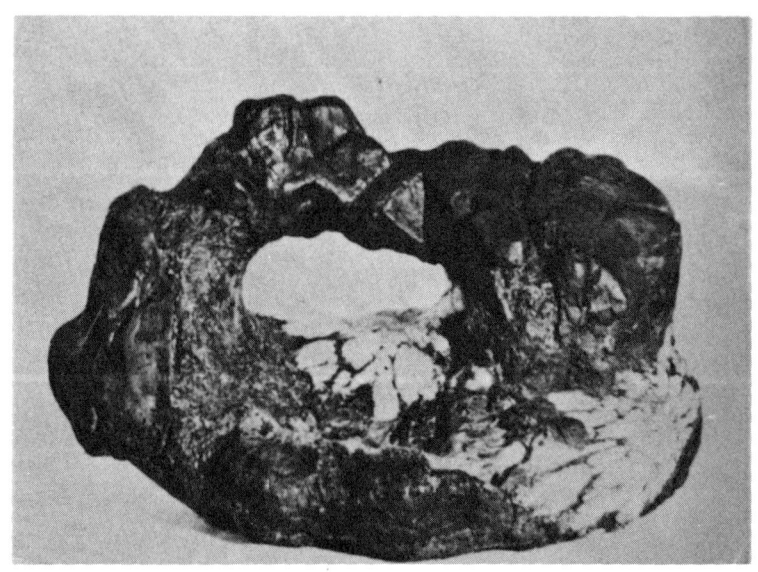

수석 사는 법, 파는 법

돌을 지닌다는 것
돌을 사는 장소와 잘 사는 법
돌의 가격

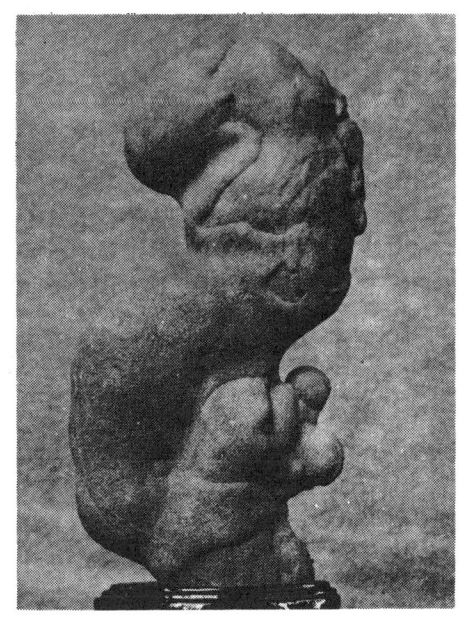

돌을 지닌다는 것

애석(愛石) 취미의 양면

샀다, 팔았다 라는 이야기는 수석이나 미석 등 고상한 취미에는 어울리지 않는다고 생각하는 사람이 있을지도 모른다. 그러나 현실적으로 '돌'은 오늘날 훌륭한 상품으로써 통용되고 있다.

대도시의 일류 백화점 대부분에 돌 매장이 상설되고 있다. 또 '돌' 취미 요소 중에 '매매를 즐긴다'라는 면도 있다. 자연의 아름다움만이 애석 취미는 아니다. 얼마에 샀다—싸다, 비싸다 등 매매 그 자체가 어른의 놀이임을 느끼게 하는 점이 있다고 말하고 있는 취미가도 많다.

돌이 고상한 자연미를 애호하는 취미임에 이의를 가지고 있는 것은 아니지만 때로는 매우 인간다운 면을 맛보게 하는 돌인 것이다. 이런 애석 취미 중에서 가장 통속적이고 인간적인 냄새가 나는 면의 실제를 소개하고 싶은 것이 이 항의 목적이다.

애석 취미는 우선 돌을 지니는 것에서부터 시작된다. 책을 보고 연구한 다음 시작하는 것이 아니다. 돌을 지닌다는 것은 탐석과 사는 것에 의해 실현된다. (때로는 아는 사람으로부터 얻는 일도 있지만).

경제적으로 보면 탐석, 즉 자신이 줍는 것이 가장 쌀 것이라고 생각하지만 그렇다고 단정지을 수는 없다. 보통 백화점 등에서 팔고 있는 돌—비록 그 돌이 10,000원 정도의 돌이라도—을 탐석에 의해 얻는 일은 그렇게 용이하지 않다. 하물며 국화석 등과 같은 이름 있는 돌은 탐석으로는 입수할 수 없다고 말할 수 있을 것이다.

오히려 탐석의 경우는 많은 탐석 매니어가 그렇듯이 깨끗한 공기,

딱딱한 돌이지만 무한한 자연미를 느끼게 하는 수석

조용한 자연 속에서 지낸다. '체험'이야말로 보다 큰 효용이 있는 것이다. 그러니 왕복 여비, 가스비, 푼돈 등을 자세히 계산하면 대부분의 경우 상당한 고가의 보상을 지불하고 돌을 입수하게 될 것이다.

경제적인 면에서 보면 현대 사회의 조직이나 상황하에서는 탐색에 의하는 때도, 사는 경우도 있을 것이다.

돌을 사는 장소와 잘 사는 법

길을 돌아가지 않기 위해서

돌을 얻는 방법 중 하나인 탐석에는 탐석의 방법이나 몇가지 필요한 지식이나 준비가 필요할 것인데 마찬가지로 살 경우에도 마음가짐을 잘 다져 두는 것이 좋을 것이다. 애석 취미가 왕성한 오늘날도 자주 '어떤 곳에서 살 것인가' 라거나 '어디에서 사면 제일 좋을까' 라는 질문을 받는다.

조금이라도 애석 취미를 가지고 있는 사람이라면 경험적으로 매매하는 법을 알고 있겠지만 돌아가지 않도록 일반적인 방법을 서술하겠다.

백화점 매장 이용법

현재는 거의 대부분의 백화점에 수석·미석 매장이 있다. 대부분의 경우 분재, 원예품과 함께 팔고 있는데 완전히 독립된 돌 매장도 있다. 백화점 매장은 매우 일반적임과 동시에 초보자에게 있어서는 안심하고 살 수 있는 곳이며 또 여러가지 종류의 돌을 동시에 비교할 수 있어서 편리하다. 여러가지 사정으로 전문점에서는 돌에 '정가'를 붙이지 않고 있는 경우가 많은데 백화점의 경우 모든 상품에 가격을 명시하고 있으므로 얼마에 살 것인지 불안해 할 것은 없다. 자주 백화점은 가격이 비싸다 라는 말을 듣는다. 그러나 돌의 경우는 반드시 그렇다고는 할 수 없다.

물론 비싼 것도 있다. 백화점에서 잘 사는 방법은 그날 그날의 특매품을 찾는 것이다. 매장에 따라서는 '오늘의 봉사품' 등의 이름으로 특매품을 명시하고 있는 곳도 있지만 그런 명시가 없어도 백화점에서는 반드시 라고 말할 수 있을 정도로 할인 판매하는 것이 몇 점인가는 있다. 그러나 눈에 잘 띄는 곳에……어째서 그런 것이 있을까. 백화점에는 매장마다 매상 목표가 있다. 매달 반드시 얼마 정도의 액을 달성하려고 노력하도록 요구되고 있기 때문에 채산이 겨우 맞는 것, 때로는 채산에 맞지 않는 것을 출품하고 있다. 이것은 오늘날과 같이 거의 백화점에 돌 매장이 상설되어 있는 관계상 아무래도 다른 백화점과 비교되는 것을 매장 책임자가 염두에 두고있기 때문이다. 몇곳인가를 일단 보면서 다니면 찾아 낼 수 있을 것이다.

초보자의 경우 좀처럼 비교하는 것은 곤란하므로 한동안 익숙해질 때까지는 돌을 고르려 애쓰지 않는 것이 좋다. 특가품이 아니라도 일류 백화점의 매장인 경우는 터무니없는 가격은 붙이지 않으므로 처음에는 안심하고 산다는 정도의 마음의 여유가 바람직한 것이다.

전문점에서 사는 법

다음으로 사는 장소로서는 전문점이라고 할 수 있는 돌가게가 있다. 전문점은 수가 적고 특히 지방인 경우에는 전무에 가까우므로 백화점의 매장에 비해 일반적이라고는 하기 어렵다. 전문점은 취급품에 특색이 있는 것이 보통이다. 예를 들면 자연석 주체라거나 같은 자연석이라도 특히 경석(京石), 천불석(千佛石) 등이 비교적 많은 가게라는 식이다. 오늘날은 프로라고 자부하고 있는 업자라도 수석·미석 모두에 걸쳐 물품을 갖추고 있는 것은 곤란한 만큼 관상석의 종류가 많고 반면 양품은 물품 부족이다. 이런 사정이 있으므로 일반적으로는 중급자 이상에게 적합한 것이 전문점이라고도 할 수 있을 것이다.

　그러나 전문점이라고 해도 초보자에게 적합한 물품을 갖추고 있는 곳도 있고, 가령 상급자를 위주로 하는 물품이 많은 가게라도 정직하게 자신이 원하는 것을 얘기하고 상담하면 친절히 상담해 주고 상응하는 물품을 구해 주므로 전문점이 초보자에게 맞지 않는다고 단정지을 수는 없다.

　백화점의 매장도 이런 전문점 업자들이 경영하고 있는 경우가 많은데 동일 인물에 의한 매장이라도 자신의 점포와 백화점의 매장과는 경영 방침이 전혀 다르다. 예를 들면 백화점에는 다소 표현이 화려한 것, 미석에서부터 수석까지 대략적으로 준비되어 있다. 또 백화점의 영업 자세는 매장의 말단까지 철저히 주지되어 있으므로 값을 깎는 일 등은 불가능하다.

　따라서 주인이 백화점 매장 책임자와 동일인이라 해도 구별하여 이해하는 편이 좋다.

분재 겸업점의 특색

다음으로 분재업자가 겸업 형태로 운영하는 형식의 가게가 있다.

최근 분재 붐으로 분재 매매가 많아지고 돌 전문점이 점차로 늘어 애석 취미의 다양화가 이루어지고 상품으로써 돌의 종류가 많아져 겸업으로는 충분하지 못하다는 사정이 있어 분재는 분재상, 돌은 석상이라는 경향이 강하지만 아직 분재상이 겸업하는 곳도 있다.

개략적으로 이런 가게의 경우는 자연석에 중점이 놓여지고 있는 경우가 많다. 또 국화석 등도 취급하고 있는 곳도 있는데 아무튼 전통 상품이 많다.

개인적인 상인들

특정 점포를 가지지 않는 개인적인 '얼굴'로 돌을 팔고 있는 사람도 있는데 점포도 가지지 않고 백화점의 매장도 지니고 있지 않으므로 일괄적으로 위험시 하는 것은 적당치 않다. 이런 업자를 상대하는 경우에는 최소한 어디에 주소를 두고 있는가, 연락장소는 어디인가 하는 것을 확인해 둘 필요가 있는데 그 인물에 따라 달라진다. 이런 사람들의 경우 대부분은 한번에 대량 다종류의 돌을 팔지는 않는다. 소수면품주의라고도 할 수 있게 양품을 조금씩 취급하는 경우가 많다.

또 시장에서는 입수하기 어려운 것을 어디에선가 조달해 오는 편리함이 있다. 이런 사람들 중 신용 가능한 업자는 애석 취미의 베테랑들에게 사랑받고 있는 예가 많다. 말하자면 상급자에게 적합하다고나 할까.

돌 가격

돌에 가격은 있는가

'돌에는 가격이 없는 것 같다'라는 말은 신문·주간지 기자와의 인터뷰에 반드시 나오는 말이다. 애석 취미의 보급이 계속되고 있는 오늘날 이런 오해가 아직 있는 것이다.

애석 취미가 중에도 돌의 가격에 대해서는 반신반의 하는 사람이 의외로 많다. 그러나 수석·미석에는 엄연히 가격 및 그 기준이 되는 것이 있다. 다만 공장에서 양산되는 물품과 같은 가격, 예를 들면 우유 한 개에 200원 혹은 맥주 한 병에 얼마라는 식은 아니다.

돌의 가격은 그런 것이 아니고 10,000원에서 15,000원의 것 혹은

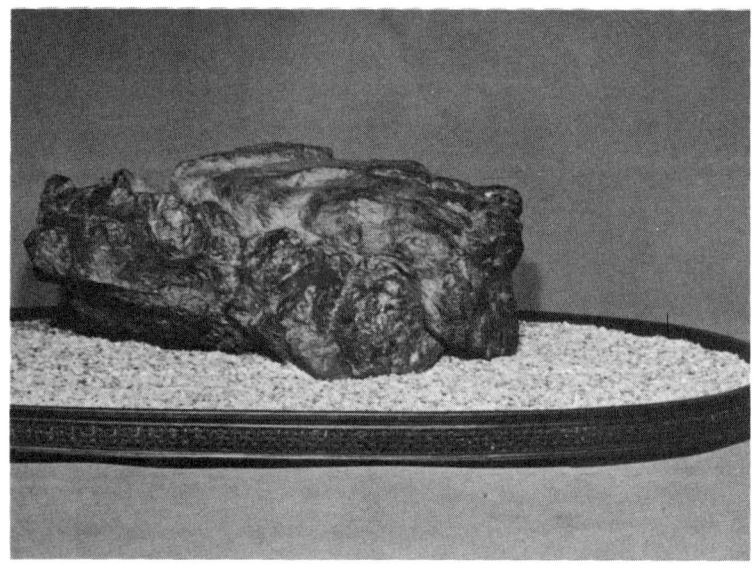

50,000원 이상의 것과 같이 일정한 대를 가지고 있는 것이다. 나는 이것을 가격대라고 편의상 부르고 있다. 이 가격대는 그렇게 엉뚱한 것이 아니다. 일단 프로를 여러명 불러 하나의 돌을 소매 가격으로 값을 매겨 상하 일할 정도에 머무르는 경우가 많다.

다만 돌의 종류에 따라 비교적 가격대의 폭이 좁은 것과 폭이 넓은 것, 즉 살 사람 팔 사람에 의해 상당한 가격의 차이가 생기는 것이다. 전자의 대표적인 예 하나는 국화석이고, 후자의 예는 불상이나 작은 동물의 모양을 하고 있는 돌 등이다. 그러나 생활 소비 물자와는 달리 미적인 내용에 의해 가치가 정해지는 취미의 것 혹은 장식품이므로 이 정도의 값의 폭이 있는 것은 어쩔 수 없는 것이다. 오히려 값의 폭이 있는 편이 재미가 있다고도 생각할 수 있을 것이다.

그럼 그 문제의 가격대는 어떻게 해서 정하는 것인가. 자연석과 색채물 특히 가공 정형으로 마무리 된 것, 예를 들면 관람석과 같은 것과는 매우 다른 가격 정하는 법이다. 관람석과 같은 연마 정형으로 마무리, 게다가 원석이 비교적 풍부한 것은 일반 공장 제품에 가까운 가격 성립 과정을 밟지만 자연석인 경우 가장 크게 작용하는 것은 수급 관계와 인기의 동향이다. 개략적으로 산출은 상당히 가늘게 되어 있으므로 일단 이름이 있는 돌은 수급 관계는 항상 매수 시장이라고 생각해도 좋다.

인기의 움직임과 전통 상품

돌에 인기의 움직임이 있다고 하면 이상하다고 생각하는 사람이 있을지도 모르지만 '인기·비인기'와 같은 이동이 있다. 그것은 어떤 때는 소품 수석의 유행이기도 하고 일정 상품이 유행하기도 하였으나 지금은 시장에 등장하고 있는 상품은 약 50종류가 있고 그 중 인기 돌이 가지는 격조 역사 등에서 보아 주식의 특정 상품에 필

적하는 것이 몇가지 있다. 나는 그것을 편의상 전통상품이라고 부르고 있는데 이런 전통상품에는 가격대 결정 때에 간판료라고 할 수 있는 것, 전통상품이기 때문에 할증 요금과 같은 것이 가미된다. 사는 경우에는 이상의 것을 염두에 두고 인기의 이동을 잘 보아 부화뇌동적인 매매를 하지 않는 것이 중요하다.

사기 전에 생각하라

자기가 가지고 있는 것이 몇명의 애석가(가능하면 일류업자의 확인)에 의해 양품이라고 인정되는 경우는 빨리 팔려고 하지 않는다. 뭐라고 해도 공장제품과는 근본적으로 다른 자연의 산물이므로 결코 일시적인 현상이 아닌 것이다.

또 업자는 별도로 하고 일반 애호가의 경우는 팔기보다도 손에서

놓지 않고 더욱 유효한 '이득'이 있는 방법을 생각해야 한다. 인생에 돌이 전부는 아니다. 다소의 돈보다 더욱 귀한 것, 예를 들면 우정, 사은심 등을 돌을 대상으로 하여 얻을 수 있다면 그런데 관심을 가져야 하는 것이다.

팔 경우의 주의

그러나 놀이도 겸하여 팔고 싶다고 생각하는 사람은 전기한 인기의 이동을 이용하면 좋을 것이다. 판다는 것은 산다는 것의 반대이므로 인기가 좋은 것을 팔도록 한다. 또 너무 물건이 없는 것은 값을 매기기가 어려우므로 특정한 업자에게 의뢰하는 편이 좋다. 인기의 동향을 아는데는 각종 전시회를 잘 보아 둘 것, 전문 잡지 등을 자주 보는 것 등이다. 스스로 팔아야 할 상품, 사면 득이 될 상품을 알게 된다.

업자에게 의뢰하는 경우 판 값의 2할 정도는 업자의 마진으로 보는 것이 상식이다.

물가와의 대비 일례

일반 물가와의 대비에서는 적어도 물가의 상승 템포가 늦어지는 일은 없으므로 여유금이 있으면 장래를 충분히 전망할 수 있다. 단 이것은 양품일수록 좋고 하찮은 것에는 적합치 않다. 상품에 따라 다르지만 극히 대담하게 기준을 기록하면 일반 급여 소득의 1개월 이상의 대가의 것이면 양품이라고는 하기 어렵고 1년 소득 이상이면 일품이라고 할 수 있을 것이다. 마지막으로 특기할 것은 성인의 감각으로 그때그때 매매를 스스로 하는 것은 좋지만 돈을 보고 돌을 보지 않도록 하는 것이 중요하다.

생활에 살리는 돌의 미(美)

응접실에 둘 돌의 장식법
돌이 있는 인테리어

응접실에 둘 돌의 장식법

개론

응접실에 돌을 장식하는 경우는 돌의 격조가 높고 소박한 것이 어울릴 것이라고 생각한다.

그리고 다음으로 돌 이름도 중요한 역할을 가질 것이다.

손님을 맞이하는 계절, 행사 내용에 따라서도 어떤 돌을 사용할지 바꾸어 가야 할 것이라고 생각한다.

돌을 장식하는 것에 의해 도구의 조합 내용도 한층 풍부해지고 차의 맛, 응접실의 정취를 풍부하게 하면서 돌을 살릴 수 있는 방법도 연구해 가야 할 것이다.

응접실의 바닥에는 돗자리 바닥과 널판지 바닥이 있다. 돗자리 바닥에 돌을 장식하는 경우에는 지판을 이용하는 편이 좋을 것이라고 생각하지만 널판지 판인 경우에는 지판을 사용하지 않고 장식해도 좋을 것이다.

또 두루마리로 장식하는 경우에는 세로로 놓는 것과 가로로 놓는 것이 있다. 바닥에 돌을 장식하는 위치는 세로의 두루마리의 경우에 바닥 중앙에, 가로의 두루마리 경우에는 꽃병이 중앙에 놓인다. 따라서 이때는 돌을 3분의 1의 위치에 둔다. 가로 두루마리에서 바닥 중앙에 돌을 장식하고 싶을 때는 꽃병을 걸어놓는 꽃병이나 늘어뜨리는 꽃병 등을 이용하면 조화를 이룰 것이라고 생각한다.

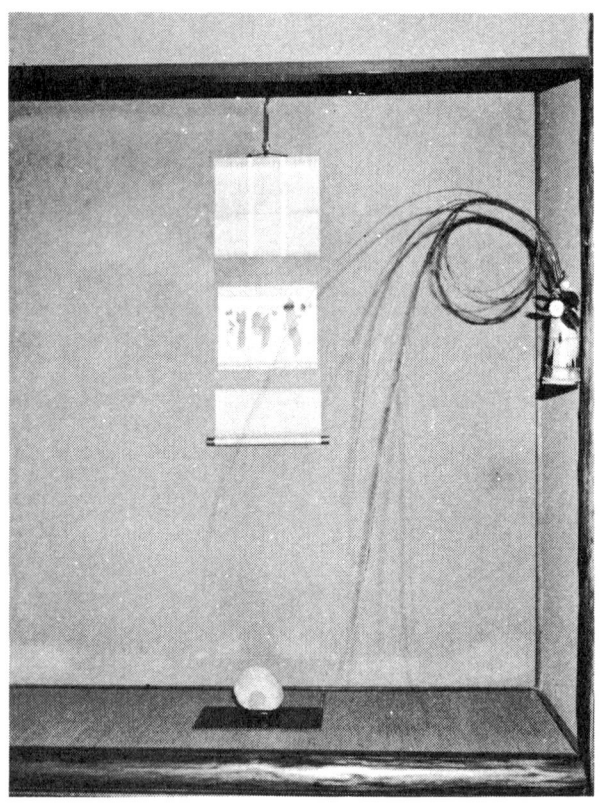

정월 바닥 장식

정월에 새로운 봄을 맞이하기 위해 거실의 바닥에 장식을 해 보았다. 바닥에 가로 두루마리를 늘어뜨리고 대나무 꽃병에 태양의 계절을 초대하는 '버드나무'를 늘어뜨리고 뿌리 부분에 적백의 적묘연사춘과 백옥춘을 첨가해 보았다. 바다에서부터 첫해가 상승하는 장엄한 기분이 들고 돌은 문양석을 바닥 중앙에 장식해 보았다.

봄의 바닥 장식

 벚꽃도 지는 4월 중순경이 되면 모란꽃 소식도 들을 수 있을 것이다.
 따뜻한 바람을 타고 오는 모란의 향기에 유혹되어 춤추는 두 마리의 나비의 모습을 두루마리 속의 나비와 돌 무늬로 조합, 백화난만의 계절을 맛볼 수 있을 것이라고 생각한다.

초여름의 바닥 장식

'여름은 시원하게' 라고 가르치고 있다.
 간단한 것 같지만 이 말이 갖는 의미는 깊은 것이라고 생각한다. 도구의 조합에서 받을 수 있는 느낌으로 손님에게 시원한 맛을 줄수 있다.
 제비의 도재에 의해 여름이 찾아옴을 알 수 있다. 제비 그림의 두루마리를 걸고 유음비연(柳蔭飛燕)의 풍정을 내기 위해 대나무 꽃병에 푸른 버드나무에 흰 꽃을 첨가해 보았다. '배'를 수반에 넣어 장식을 했다.

만추의 바닥 장식

 '만추다회(晩秋茶會)'라고 해도 법요도 겸한 다회이다.
 꽃은 홍엽의 아름다운 만작, 들국화를 섞어 활용하고 달마석을 장식했다. 보통 응접실의 도구 장식은 남에게 의뢰하여 장식하지만 이 경우 방의 형편상 바닥 옆에 도구를 장식했다.

설경의 바닥 장식

11월에 들어가면 첫눈을 보게 된다. 첫눈을 기다리며 설경의 즐거움을 생각하여 옛부터 실시하고 있었던 것 같다. 벽에 초설의 구절이 쓰인 단책을 걸고 꽃은 벽걸이 꽃병에 고엽(枯葉)을 첨가해 보았다. 돌은 '눈의 창'을 바닥 중앙에 장식했다. 눈을 보며 향기를 내는 차를 한모금 마시는 것은 각별한 것이라고 생각한다. 정원 나무에 눈이 쌓인 풍정을 보고 있으므로 눈을 보는 응접실 바닥에는 꽃을 생략해도 좋을 것이다.

돌이 있는 인테리어

인테리어의 방법

관상석을 인테리어로 사용하는 시험은 특히 색다른 것이 아니다. 오늘날 돌붐의 초기부터 애석 취미가 중 일부 사람들에 의해 있었던 일이다.

다만 애석취미의 측에서 혹은 수석의 연출 연장선상에서의 제안이 많아 실제 일상생활의 장에 놓여지는 것은 없었다.

예를 들면 '응접실의 돌' '거실의 돌'이라는 경우이다. 응접실이나 거실도 '생활'이기는 하지만 일부러 내는 특정 시간, 특정 장소이므로 친밀함이 섞나고 생각한다.

인테리어에 관상석을 사용하는 경우, 대략 크게 나누어 다음 3가지 경우를 생각할 수 있다.

(1) 건물 재료의 일부(바닥·벽·기둥 등)로써 사용하는 경우.
(2) 실내 장식의 일부로 사용하는 경우.
(3) 책상 위, 책장, 사이드보드 속에 넣어 즐기는 경우.

(1)의 예는 현재 거의 실례가 없다. 큰 빌딩에 대리석이나 흑요석이 쓰이고 있으나 이것은 관상석과 동질인 석재가 쓰이는 것에 지나지 않는다. 바닥에 오색의 작은 돌이나 드물게 쟈스퍼류를 까는 것을 볼 수 있지만 이것도 관상석으로 활용하고 있는 것과는 거리가 멀다. 따라서 현재는 (1)(2)의 경우로 쓰이는 것이 압도적으로 많다.

인테리어라고 해도 오히려 룸 악세서리라고 부르는 것이 좋을지도 모른다. 용어의 문제는 그렇다 치고 일상 생활의 장에서 쓰이면 종래의 수석 취미의 양식과 모순되는 일이 실시되는 경우가 많아진

다.
　예를 들면 수석 취미에서는 대부석도 수반석도 바닥에 직접 두는 일은 있고 거실에도 바닥에 직접 두는 일이 있다. 그러나 인테리어의 경우는 실용과 생활이 선행되어 바닥에 직접 두면 상처가 날지도 모르므로 지판을 사용하거나 두꺼운 천 등을 까는 예도 생긴다. 수석 취미의 양식이나 수법은 교양으로써는 의미가 있지만 이에 얽매일 필요는 없다.

인테리어의 특색

관상석 중에는 수반 속에 넣어 물을 뿌리는 돌과 나무 대를 붙여 물은 뿌리지 않는 것이 있는데 인테리어의 경우는 물을 뿌릴 필요가 없는 돌쪽이 기능적이고 응용 범위가 넓다.

단 여름 등에는 물에 젖은 돌의 맛을 맛보는 것도 나쁘지 않고 손님을 부른 경우에는 물을 뿌리는 돌쪽이 좋다. 수고가 드는데서 손님을 환영한다는 의미를 나타내고 있다. 인간, 특히 우리 생활의 심리도 놓쳐서는 안된다.

이 경우는 수석 취미의 연장에서는 실제적이지 않은 경우가 많아질 것이다. 예를 들면 수반을 사용하는 경우 수석 취미에서는 보통 모래를 까는 경우가 많고 모래도 갈색의 알갱이로 고른 것 등이 배치되지만 인테리어로써 취급하는 경우는 먼지나 더러움을 간단히 털 수 있도록 수반에 모래를 넣지 않고 사용하는 경우도 있다.
 이와 같이 수석 취미에서는 돌이 중심이 되고 돌을 살리기 위한

수반, 탁자 등의 부속품이 선정되지만 인테리어 경우는 돌은 오히려 부속품의 입장에 놓인다. 우선 인간 생활에 있어서 설정된 공간과 스페이스에 따라 그리고 예산에 따라 돌이 선정되는 것이다. 돌은 일정 공간, 일정 스페이스를 아름답게 하기 위한 하나의 소재일 뿐이다. 우리들 인간의 집은 천차만별이고 방 무드도 의식적으로 타인과 다르게 하려 만들어지고 있으므로 돌을 선정한다 해도 규격화된 기준을 설정하거나 일정 양식을 강요할 수는 없다. 돌의 여러 종류나 형을 조사하여 개개의 장소에 적용하는 것이 인테리어에 있어서 돌의 이용법이며 즐기는 방법이다.

이하 응용을 위해 알아 두었으면 하는 약간의 문제점을 지적해 보겠다.

돌의 모양과 시각

수석이든 미석이든 돌의 모양은 여러가지 천차만별이지만 개략적으로 일정한 틀을 가지고 있다. 수석의 경우는 특히 이 경향이 강하여 이것을 무시하면 그저 돌멩이로 변하는 경우도 있다.
 예를 들면 거실의 사이드보드와 같이 벽을 등지고 있는 경우에는 표리의 돌이 오히려 좋다. 이 경우 상좌, 하좌라기 보다도 많은 시선이 모이는 방향에 시점을 두어야 할 것이다.
 응접실의 테이블 위, 회의실 테이블 등과 같이 사방에서 시선이 모이는 장소에는 속과 겉이 있는 돌은 좋지 않다. 국화석 등의 양면에 꽃 무늬가 있는 것 등 연봉이 몇겹으로 전후되어 있는 것이 좋다. 색채석이라면 양면 연마의 것, 구슬 등이 좋다. 이런 돌은 그다지 많지 않지만 다행히 돌을 둘 장소도 사방에서 시선을 받는 곳이 많지 않다.

색채와 문양과 채광

 인테리어의 경우 전체의 조화나 표현이 오버한 화려한 것이 적합한 경우가 많다. 따라서 특히 돌 살결을 즐기는 것은 응용의 장이 적다.

색채는 방의 벽, 가구의 색조에 따르지만 돌과 주위의 색조가 동계열인 것이 맞는 경우는 적다. 특히 벽의 색은 반대인 것이 효과적이다.

예를 들면 흰 레이스의 커텐을 배경으로 광채석의 은백색계의 색조석을 배치하는 것 보다 이런 배경에는 오히려 매림석(梅林石) 등의 자연돌 살결쪽이 좋다.

또 돌의 키가 큰 경우는 창 등의 채광구를 막지 않도록 하는 것도 중요하다. 그러나 키가 작은 수반석인 경우는 바로 정면에서 채광하게 하는 편이 좋다. 비스듬히 앞쪽에서 채광하는 편이 돌의 음영미를 드러내게 한다.

모양의 대소와 가격

대형의 것이 일반적으로 인테리어에는 맞는다. 그러나 어디까지나 가구, 방과 조화를 이루는 것이 문제인데 바닥에 직접 적옥석의 일부 자연을 두는 경우는 밸런스를 잃을 정도의 것이라도 박력을 보이는 경우가 있다.

그러나 찬장 위, 서재 안 등에는 소품인 것이 좋다.

일반적으로는 응접실·현관·회의실 등의 공적인 장소, 로비·은행·호텔의 홀 등의 사교나 비지니스의 장에는 대형의 것이 적합한데 서재, 거실 등의 프라이시를 중시하는 장소에는 소형의 것이 적합하다고 할 수 있을 것이다.

가격은 고가인 것을 구하는 것만이 효과를 올린다고는 할 수 없다. 다행히 인테리어에 맞는 색채석과 대형의 것은 수급관계상 비교적 싼 것이 많다.

구체적인 가격은 세월의 경과에 따라 이동하므로 상품별로 시장가격을 알아 보아야 한다.

> 판권본사소유

수석교실

2012년 5월 25일 인쇄
2012년 5월 30일 발행

지은이/ 편 집 부 편
펴낸이/ 최 　 상 　 일
펴낸곳/ 태 을 출 판 사

서울특별시 중구 신당6동 52-107(동아빌딩내)
등록/1973년 1월 10일(제4-10호)

＊잘못된 책은 구입하신 곳에서 교환해 드립니다.

■주문 및 연락처

우편번호 100-456
서울특별시 중구 신당6동 52-107 (동아빌딩 내)
전화 / 2237-5577 **팩스** / 2233-6166
ISBN 89-493-0400-7   03480